Ueber die

Ansprüche der Juden

an

das deutsche Bürgerrecht.

Zweiter, verbesserter und erweiterter
Abdruck.

Mit

einem Anhange

über die Geschichte der Juden in Spanien.

Von

Fridrich Rühs.

Berlin,
in der Realschulbuchhandlung
1816.

Zwar ich habe mit den Blinden
Falscher Weisheit auch gefröhnt:
Doch bemüht, den Weg zu finden
Aus der Mitwelt Labyrinthen,
Und das Edle nie gehöhnt!

W. A. Schlegel.

Vorrede.

Die folgende Abhandlung erschien zuerst in der Zeitschrift für die neueste Geschichte, die Völker- und Staatenkunde, Februar 1815; viele würdige und gelehrte Männer, deren Urtheil ich über alles verehre, versicherten mich ihrer Uebereinstimmung mit meinen Ansichten, und ermunterten mich, die gedachte Abhandlung in einem weitern Kreise durch einen besondern Abdruck zu verbreiten. Derselbe wird desto nothwendiger, da sie bereits einen Gegner gefunden hat, und vielleicht auch noch andere Schriftsteller der Art dagegen ihr Geschrei erheben werden; es versteht sich, daß ich auf solche Angriffe kein Wort erwiedern werde; nur muß ich wünschen, daß des deutschen Publikums Aufmerksamkeit vielleicht dadurch auf diesen Gegenstand geleitet werde, und meine Ansicht nicht aus mißverstandenen und aus dem Zusammenhang gerissenen Stellen beurtheilen, sondern sie, so wie ich sie aufgestellt und zu begründen gesucht habe, einer nähern Prüfung und Beherzigung unterwerfen möge. In diesem zweiten Abdruck sind die unzähligen Druckfehler der ersten Ausgabe verbessert; der historische Theil ist sehr erweitert und ich hoffe, daß die Hauptsätze der Schrift hinreichend bewiesen sind; meine ganze Ansicht ruht auf historischen Thatsachen, und so lange diese nicht umgestoßen sind, wird man sie durch kein allgemeines Gerede entkräften. Die Geschichte der Juden in Spanien ist ein äußerst merkwürdiger Beleg zu meinen Behauptungen, und es schien mir daher zweckmäßig, den Anhang beizufügen.

Nur über die nächste Veranlassung dieses Aufsatzes erlaube ich mir noch ein Wort: in jener unvergeßlichen Zeit, als die Sonne der Freiheit über das gemißhandelte Vaterland aufdämmerte, ergriff mich der Gedanke, ein Buch zu schreiben über den Verfall und Untergang des deutschen Reichs; eine beträchtliche Zeit richtete ich mein Nachdenken und meine Forschungen auf diesen Gegenstand; allerley Zufälligkeiten hinderten mich jedoch an der Ausführung des Ganzen, und nur einzelne Bruchstücke habe ich der öffentlichen Beurtheilung vorgelegt: ein solches ist die gegenwärtige Abhandlung; die in derselben ausgesprochenen Grundsätze hängen genau zusammen mit meiner politischen Ueberzeugung in Hinsicht auf die Verfassung und Bestimmung Deutschlands überhaupt; ich nehme keinen Anstand, zu gestehn, daß ich in frühern Jahren selbst jenen allgemeinen Humanitätsideen gehuldigt habe, womit man namentlich in Hinsicht auf die Duldung und Hochschätzung sämmtlicher Jüdischheit — wenn ich mich, ohne verketzert zu werden, eines altdeutschen Ausdrucks bedienen darf, — uns von den Kathedern hernieder und in der guten Gesellschaft um die Ohren klingelte; nur ein sehr sorgfältiges Studium der jüdischen Geschichte, wozu mich meine Beschäftigung mit dem Mittelalter veranlaßte, hat das Grundlose und Verkehrte in der herrschenden Ansicht aufgedeckt; die erste Obliegenheit des Schriftstellers ist es, seine Ueberzeugung mit ihren Gründen freimüthig und rücksichtslos darzulegen; etwas anderes habe ich nicht gewollt, am wenigsten dachte ich den Handschuh zu einem unnöthigen Federkriege hinzuwerfen, und ich erkläre daher, daß ich nur dann noch irgend etwas über diesen Gegenstand schreiben werde, wenn er im edlern Sinne des Worts wirklich streitig werden sollte, d. h. wenn, was ich mit Recht bezweifle, Männer von Geist und von Einsicht Einwendungen gegen meine Ansicht erheben sollten, die ich beseitigen zu können glaube.

Berlin, den 25sten Nov. 1815.

F. R.

Ueber die
Ansprüche der Juden
an
das deutsche Bürgerrecht.

Auch die Juden sind bei den großen Bewegungen, aus denen eine neue Gestalt Europa's hervorgehn soll, nicht unthätig gewesen; auf dem Kongreß zu Wien traten sie mit der Forderung auf, daß ihnen überall in Deutschland dieselben Rechte mit dem deutschen Volk bewilligt werden möchten. Sie hatten daselbst einen Anwald und Vorsprecher, der in einer ausführlichen Denkschrift die Gerechtigkeit oder Nothwendigkeit dieses Verlangens aus allen Gründen der Humanität und Politik zu beweisen suchte: und in einer hinzugefügten Sammlung der Verordnungen, die in neuern Zeiten irgendwo zum Besten des jüdischen Volks erlassen sind, Beispiele aufstellte, wie höchst tolerant viele, von Aufklärung durchdrungene, Regierungen sich bereits benommen hatten. Die Entscheidung ist indessen wohl nicht so ausgefallen, wie die Juden vielleicht erwarteten; mit Recht hat die Weisheit der Ordner Deutschlands sie einer genauen und vielseitigen Erwägung anheim gestellt. Der Wunsch, zu einer solchen gründlichen Betrachtung einiges beizutragen, hat den Verfasser veranlaßt, diese Ansichten und Betrachtungen zur Beherzigung seiner deutschen Landsleute mitzutheilen, so mißlich es auch scheinen mag, einen Streit zu berühren, worin so viele Kämpfer ihre Kräfte versucht haben, und der nur zu oft nicht mit der Ruhe und Würde geführt worden ist, die eine so wichtige Angelegenheit erfordert.

Nur ein Barbar kann bei Mißhandlungen gleichgültig bleiben, die sich roher Uebermuth gegen die Schwäche erlaubt hat: jede Brust, die menschlich fühlt, muß selbst bei verschuldeten Leiden von einer mitleidigen Regung gegen den Duldenden ergriffen werden. Sobald man die Lage der Juden nur aus diesem Gesichtspunkt betrachtete, mußte man sich bald mit ihnen ausgesöhnt fühlen; es scheint ein so erhabnes und würdiges Geschäft, als Vertheidiger der Unterdrückten aufzutreten, daß man es ihren begeisterten Freunden verzeihen muß, wenn sie alles in einem besseren Lichte sehn, wenn sie die Schatten mildern, überall den weiten Mantel der Liebe ausbreiten, und von ihrem menschenfreundlichen Eifer hingerissen und verblendet, selbst ungerecht gegen ihre Vorfahren, gegen ihre Mitbürger und ihre eignen Glaubensgenossen, ja ihre eigne Religion werden. Ihnen schien es ein eben so hohes Ziel, den Juden dieselben bürgerlichen Rechte mit den Christen und den Völkern, unter denen sie leben, zu verschaffen, als der Kampf der Plebejer in Rom oder der Katholiken in Irland: und daher haben sie, wie es scheint, die Hauptpunkte übersehn, worauf es ankommt, und die durch den ewigen Ausspruch der Geschichte erhärtet werden; sie haben ganz verschiedne Fragen verwechselt, und sind auch in der Aufstellung und Beurtheilung historischer Thatsachen durchaus einseitig und ungründlich verfahren.

Käme es blos darauf an, den Juden da ihre Menschenrechte zurück zu geben, wo sie ihnen verkümmert sind, so wäre jeder Streit überflüssig; die Pflicht und Würde jeder guten Regierung erfordert es, sie vor Ungerechtigkeiten und Mißhandlungen zu sichern, dem Haß gegen sie keine Nahrung zu geben, und ihnen den Weg zu eröffnen, der sie zur Veredlung und zur Theilnahme an den Wohlthaten des Christenthums führen kann. Wo giebt es einen Christen, den die gräulichen Verfolgungen nicht empörten, denen oft aus falschen Veranlassungen die Juden ausgesetzt gewesen sind, der sich nicht über das verbesserte Loos eines Geschlechts erfreut, das auch das Siegel der Menschheit an sich trägt; wer wird nicht wünschen, daß es befreit von Hemmungen und Fesseln übergehe zu einem immer würdigeren und veredelteren Daseyn, dessen es in seinen jetzigen Verhältnissen nicht fähig ist. Das Christenthum hat von jeher den Juden seinen heiligen Kreis geöffnet, wo in Einem Glauben und Einer Liebe das wahre Heil des menschlichen Geschlechtes aufgegangen ist. Keinem, der sich aufrichtig zu demselben bekannt hat, ist irgend ein bürgerlicher Vorzug verweigert; und wer kennt nicht unter den Uebergetretnen oder ihren Abkömmlingen würdige und vortreffliche Männer, die sich in den verschiedensten Aemtern und durch mannichfaltige Verdienste ausgezeichnet haben? Es ist die alte Lehre und Hoffnung der christlichen Kirche, daß die Juden sämmtlich bekehrt werden und in das durch Jesum gegründete Reich der Wahrheit und Erlösung eingehn sollen. Daß eine milde und christliche Behandlung der Juden diesen großen Zweck befördern wird, ist längst anerkannt: diese Bekehrung kann aber nur von ihnen selbst auf dem stillen und ruhigen Wege ihrer Einsicht und Ueberzeugung erfolgen: daher muß man die gewaltsamen Mittel mißbilligen, die frühere Eiferer vorgeschlagen haben. Zum Theil ward sie durch zu strenge Gesetze der katholischen Kirche verhindert: die Juden sollten im Fall der Bekehrung alle Güter aufgeben, weil man voraussetzte, daß alles durch Wucher und auf ungerechte Weise gewonnen sey: welche, wenn auch ihrer ersten Veranlassung nach gutgemeinte, Verordnung doch die Reichen abschrecken mußte, ihren väterlichen Glauben zu verlassen. An Fürsprechern in diesem Sinn hat es den Juden nie gefehlt: mit vielem Eifer und siegreicher Gelehrsamkeit hat Wagenseil[1]) die zum Theil ungereimten Beschuldigungen widerlegt, womit man sie überhäuft hat, wofür sie so oft grausam gebüßt haben, und seinen Glaubensgenossen Milde und Schonung empfohlen.

In den Zeiten der Aufklärung hat man sich hiermit nicht begnügt; man ist weiter gegangen und hat für die Juden gleiche Rechte mit den Christen verlangt; man hat die Beschränkungen, denen sie unterworfen waren, für ungerecht, unmenschlich und unpolitisch ausgegeben: man hat behauptet, daß die Verschlechterung des Charakters und die verhaßte Eigenthümlichkeit desselben, die man nicht ganz läugnen könne, nur aus dem Druck, worunter sie gelebt haben, aus den Verfolgungen des Fanatismus abgeleitet werden müßten. Dies sind nämlich die Behauptungen, die vor etwa 30 Jahren (1781) vom Hrn. von Dohm ausgesprochen wurden und überall den lautesten Beifall fanden: dessen ungeachtet ruht die ganze Ansicht auf zwei Hauptirrthümern, wie eine nähere Betrachtung unwiderleglich ergeben wird.

Der erste Satz, den dieser berühmte Politiker aufstellt.

---

1) In s. Hoffnung zur Bekehrung Israels.

wird jetzt wohl theoretisch überall aufgegeben seyn, wenn man gleich praktisch noch immer sich nicht davon losreißen kann: es ist der Satz, daß die immer fortschreitende Zunahme der Bevölkerung die wesentlichste Bedingung des größtmöglichen allgemeinen Wohls sey. Diese Ansicht war natürlich, so lange man den Staat als eine Maschine oder ein Uhrwerk betrachtete, das mit jedem Etatsjahr nur neu aufgezogen zu werden brauchte: da fing man an, die Menschenhäupter zu zählen, die Seelen zu vertauschen, Balanzen zu ziehn, zu compensiren, zu liquidiren und Experimente aller Art zu machen. Auf die Zahl kommt es nicht an: nicht auf die Betriebsamkeit oder den Gewerbfleiß; nur auf den Geist, der ein Volk belebt, der es vereinigt und die Einzelnen zu einem unauflösbaren Ganzen an einander kettet, auf die Treue, die es bewahrt, auf die Liebe für das Vaterland, auf seinen Glauben an Gott und an sich, auf seine Bereitwilligkeit, die irdischen Güter gering zu achten, und alles, selbst das Leben, den unwandelbaren Heiligthümern und den Forderungen des Gemüths zum Opfer zu bringen. Ein Volk kann nur zu einem Ganzen werden durch ein inniges Zusammenwachsen aller seiner Eigenthümlichkeiten, durch die gleiche Art ihrer Aeußerung: durch Gesinnung, Sprache, Glauben, durch die Anhänglichkeit an seine Verfassung. Nun darf ein Volk, ohne sich selbst zu schaden, sich nicht so scharf absondern, um die Aufnahme einem jeden Fremden zu versagen: aber nur unter der Bedingung, daß wer Mitglied eines andern Volks werden will, sich ihm ganz hingebe und gleich stelle; wenn der erste Erwerber eines neuen Volksrechts nicht ganz mit seinen neuen Landsleuten verschmilzt, so werden es seine nächsten Nachkommen: so sind ja unzählige Franzosen und selbst Juden, sobald sie aufhörten, Juden zu seyn, Deutsche geworden. Die Juden als Nation betrachtet, haben ihre Landsleute, mit denen sie durch Abstammung, Gesinnung, Pflicht, Glauben, Sprache, Neigung zusammenhängen, auf der ganzen Erde: sie machen mit ihnen eine Einheit aus, und müssen ihnen nothwendig inniger ergeben seyn als dem Volk, unter dem sie leben, das ihnen immer fremd bleiben muß. Welcher Staat kann sich Bürger wünschen, die ihn weder begreifen, noch einen lebendigen Antheil an dem allgemeinen Volksleben nehmen? Aber auch nach der alltäglichsten politischen Arithmetik wird durch die Begünstigung der Juden nichts gewonnen: denn wie viel besser ist es, wenn sich auf einer Strecke Landes zehn freie und wohlhabende Bauern im Schweiß ihres Angesichts mit Weib und Kindern nähren, als wenn dieselbe ein reicher Jude oft unter höchst vortheilhaften Bedingungen kauft und sie, ohne selbst an der Arbeit Theil zu nehmen, durch Verpachtung möglichst zu nutzen sucht? Allein die Juden bilden nicht blos ein Volk: sie bilden zugleich einen Staat; „die Grundgesetze der jüdischen Religion sind zugleich die Grundgesetze ihres Staats;" ihre Rabbiner sind zugleich ihre Vorsteher, denen das Volk die höchste Ehrfurcht und den blindesten Gehorsam schuldig ist: sie bilden, wie die Brahminen bei den Indiern, den Adel, die eigentlich gesetzgebende Gewalt; „die jüdische Nation, sagt einer ihrer geistreichsten Schriftsteller, wird unter dem Schein der Theokratie von einer immerwährenden Aristokratie beherrscht" [2]). Diese Behauptung wird durch die ganze spätere Geschichte der Juden bestätigt; es ist also klar, daß, wenn sie Mitglieder eines andern Staats seyn wollen, ohne dem Judenthume zu entsagen, sie in eine Collision von Pflichten gerathen, die höchst bedenklich ist, und die in vielen Fällen unmöglich ausgeglichen werden können; Niemand kann zweien Herren dienen, und es ist doch in der That ein sonderbarer Widerspruch, daß ein Bürger des jüdischen Staats oder Reichs zugleich Bürger eines christlichen Staats seyn will. Er kann wohl in einem Verhältniß zu der Regierung oder dem Herrscher als Unterthan, aber nicht zu dem Staate als Bürger stehn, weil er bereits früher in einer Beziehung der Art sich befindet, die eine zweite oder neue ausschließt. Es versteht sich von selbst, daß hier das Judenthum gemeint wird, wie es seiner Natur nach ist: es kömmt nicht darauf an, daß einzelne Mitglieder sich über die strengen Vorschriften wegsetzen, das Ansehn der Rabbiner und des Ceremonialgesetzes, worin das Wesen des Judenthums besteht, nicht mehr anerkennen, die Bande zerrissen haben, die ihnen lästig waren, und die Hauptlehre der jüdischen Religion von der Zukunft des Messias für lächerlich erklären:

---

2) Salomon Maimon in s. Leben II, 180 u. 266.

auf diese kann durchaus gar keine Rücksicht genommen werden; sie bilden ein Mittelding zwischen Juden und Christen, das sich eine eigne Art von völlig unhaltbarer natürlicher Religion, eine moralische Religion der Convenienz und des Vortheils, in thörigtem Dünkel zusammengesetzt hat, eine eigne Secte, die kein Staat anerkennt und die nur eine stillschweigende Duldung genießt. Hätten die Juden in ihrer Religion keinen politischen Mittelpunkt gefunden, so ist keine Frage, daß sie auch als Volk längst untergegangen seyn würden, d. h. sich ganz mit den Völkern, worunter sie lebten, verschmolzen hätten.

Die zweite Behauptung, daß die schlimme Seite, die der jüdische Charakter im Allgemeinen zeigt, und die bedingungsweise selbst von den Schriftstellern aus ihrer Mitte zugestanden ward, lediglich eine Folge der Unterdrückung sey, worin sie gelebt haben, steht offenbar mit der Geschichte im Widerspruch. Der Charakter eines Volks wird durch mannichfaltige Einwirkungen bestimmt. Außer der ursprünglichen Anlage sind am wichtigsten Religion und Staatsverfassung: aus diesen beiden Elementen muß man das Eigenthümliche des jüdischen Charakters erklären, der in Spanien wie in Polen derselbe war. Gewisse Beschäftigungen und Gewerbe, die ein Volk vorzugsweise und ausschließend treibt, müssen ebenfalls auf seine Denkungsart einwirken, und so wie gewisse durch Kunst hervorgebrachte Eigenschaften des Körpers den folgenden Geschlechtern natürlich werden, so werden auch innere Eigenschaften zuletzt habituell; unverkennbar ist der Einfluß des Handels, wenn er von einer Kaste getrieben wird, auf diejenigen, die sich damit beschäftigen: die Banianen z. B. haben bei aller ihrer sonstigen Rechtlichkeit und Milde wirklich in ihrer Art zu handeln eine auffallende Aehnlichkeit mit den Juden. Schon lange vor dem Christenthume und vor ihrer Zerstreuung scheint der Speculationsgeist in ihnen erwacht zu seyn, der bei der geringsten Anstrengung den möglichst größten Gewinn sucht; seit der Gründung von Alexandria, wo sie ja schon ihre eignen Straßen hatten, wurden sie Krämer und Mäkler [3]).

3) Eine richtige Ansicht Joh. v. Müllers: denn von ihm ist ja wohl der mit M. bezeichnete Brief in Dohm's Versuch II. 116.

Judäa war dem König Ptolemäus Evergetes von Aegypten (v. 246—221 vor Christus) unterworfen, doch mit eigenthümlicher Verfassung; die Hohenpriester waren zugleich Häupter und Vorsteher des Volks; damals bekleidete Onias diese Würde, der aus Geiz die Bezahlung des Tributs, den er für das Volk entrichten sollte, unterließ. Der König, hierüber erzürnt, sandte einen Bevollmächtigten nach Jerusalem, dessen Drohungen das ganze Volk in Furcht und Bestürzung setzten: nur Onias, dem das Geld gar zu lieb war, blieb ungerührt und gleichgültig. Sein Neffe Joseph, ein junger Mann, der bei der ganzen Nation wegen seiner Aufklärung in großem Ruf und allgemeiner Verehrung stand, erfuhr von seiner Mutter die allgemeine Noth und eilte in die Stadt: er forderte den Hohenpriester auf, nach Alexandria zu gehen, und den König durch Bitten zur ganzen oder theilweisen Erlassung der Schuld zu bewegen; aber der alte Onias hatte hiezu keine Ohren, und war froh, als sich sein unternehmender Vetter erbot, die Sache auf's Reine zu bringen. Joseph versammelte das Volk im Tempel, ermahnte es, guten Muths zu seyn; er kenne die Welt und die Großen, und werde schon den Weg zum Herzen des Königs finden. Sogleich veranstaltete er prächtige Gastmähler zu Ehren des Abgesandten, gab ihm ansehnliche Geschenke, und gewann ihn dadurch so sehr, daß er ihm versprach, bei Hofe sich seiner bestimmt anzunehmen. Joseph schickte nun überall zu seinen Freunden und Bekannten und lieh sich Geld, und da es auf die Ehre des Volks ankam, und man seinen Unternehmungsgeist kannte, so brachte er bald die erforderlichen Summen zusammen, kaufte für 20000 Drachmen Kleider, Kostbarkeiten, Pferde u. s. w. und ging ab. Gerade um diese Zeit wurden die Einkünfte von Syrien und Phönicien neu verpachtet, und reiche Speculanten strömten nach der Hauptstadt, die, wenn sie dem armselig und lumpig einherschreitenden jungen Juden begegneten, verächtlich auf ihn herabsahen [4]). Der Hof war in Memphis: Joseph machte sich sogleich dahin auf; vor den Thoren begegnete er dem König, der mit seiner Gemahlin und seinem Günstling Athenio (dem Gesandten in Palästi-

4) ἐχλευάζον ἐπὶ πενίᾳ καὶ λιτοτήτι.

na) eine Spazierfahrt machte. Kaum erblickte dieser den Wanderer, als er ihn erkannte und seinen Gebieter auf den gescheuten jungen Juden aufmerksam machte. Er ward gerufen, und hatte die Gnade, sich in den Wagen setzen zu dürfen. Ptolemäus fing sogleich an auf den Onias und die Juden zu schelten. Ew. Majestät, erwiederte Joseph, halten dem alten Mann seine Thorheit zu Gnaden: wir jungen, aufgeklärten kennen den Weltlauf, wir werden uns besser betragen und unserm Herrn keine Gelegenheit zur Unzufriedenheit geben. Dem König gefiel die edle Dreistigkeit, und Joseph ward zur Tafel gezogen. Als die Zölle ausgeboten wurden, erschien auch er unter den Bietenden, und warf ihnen vor, sie hätten sich vereinigt, den König zu betrügen: er erbot sich, nicht nur das Doppelte zu geben, sondern auch der königlichen Casse das Vermögen aller derjenigen zukommen zu lassen, die er auspfänden würde. Der König war über das beträchtliche Mehr, das ihm geboten ward, äußerst zufrieden: aber, fragte er, wie wird's mit der Caution stehn? Mit edler Dreistigkeit und noch größerer Schlauheit erwiederte er, es werde ihm an den besten Bürgen nicht fehlen, er nannte den König und die Königin. Ptolemäus lachte und dem Juden ward die Unternehmung zugeschlagen. Sein Speculationsgeist verschaffte ihm Credit: in Alexandria lieh er sich 50 Talente, und begleitet von 2000 Gensd'armes [5]) fing er seine glorreiche Laufbahn an. An denen, die nicht bezahlen konnten, wurden die strengsten Exempel statuirt: sie wurden bis auf's Blut ausgezogen; und blos von Confiscationen und abgepfändeten Gütern schickte er dem König 1000 Talente, der die Klugheit [6]) bewunderte und ihn gewähren ließ. Ganz Syrien gerieth in Verzweiflung über den fürchterlichen Douanenchef, und die armen Leute brachten den letzten Heller dar, den sie bei der Seele hatten. Joseph sammelte viel Geld, und der Kauf der Zölle gewährte ihm einen großen Gewinn; er war klug genug, einen Theil desselben aufzuopfern, um sich desto sichrer zu behaupten; er machte dem König und seiner Gemahlin große Geschenke, so wie allen

---

5) Das bedeuten wohl die πεζων ϛρατιωτων δισχιλιοι.

6) Φρονημα.

Leuten von Ansehn und Einfluß bei Hofe, blieb daher auch 22 Jahre hindurch ungestört in seiner Stelle, und erwarb ein unermeßliches Vermögen. Er hatte 7 Kinder, heirathete aber noch in seinen höheren Jahren zum zweiten Male die Tochter seines Bruders. Als er sich einmal in Alexandria befand, und zur königlichen Tafel gezogen ward, machte eine schöne Tänzerin einen solchen Eindruck auf seine Sinne, daß er sie zu besitzen wünschte, doch scheute er sich, das Gesetz, das den Juden die Ehe mit fremden Weibern untersagt, zu brechen; er trug aber seinem Bruder auf, ihm das Mädchen unter der Hand zu schaffen, und im Vertrauen auf die Allmacht des Goldes zweifelte er keinen Augenblick an der Erfüllung seines Wunsches. Der Bruder hatte aber eine Tochter, für die er einen Mann suchte; er nahm daher keinen Anstand, sich dieser Gelegenheit zu bedienen; er führte sie geschmückt unter dem Namen der Tänzerin in der Nacht zum Joseph, und der alte Jude ward bald so sehr von dem Mädchen eingenommen, daß man ihm das Geheimniß nicht länger verbergen durfte; er dankte seinem Bruder, daß er ihn vor einer Sünde bewahrt hatte, und heirathete seine Nichte, die ihm einen Sohn, Hyrkan, gebar. Dieser zeichnete sich durch Witz, Schlauheit, Speculationsgeist und Raffinement aus, auf ihn schien der ganze Geist des Vaters übergegangen zu seyn, während die älteren Söhne dumm und einfältig waren, und den Fleiß der berühmtesten Erziehungskünstler, die es damals gab, zu Schanden machten. Hyrkan ward nun die Freude des Vaters, der sich in ihm verjüngt erblickte, und mit Sicherheit hoffte, er werde in seine Fußtapfen treten. Freilich wurden die andern Brüder über den Vorzug, den Hyrkan erhielt, erbittert, und es entstand ein Zwist unter ihnen, wie zwischen den Söhnen Jacobs; sie suchten ihn sogar aus dem Wege zu räumen, aber er entging ihren Nachstellungen.

Um diese Zeit war dem Könige ein Sohn geboren worden; nach herkömmlicher Sitte bezeigten die Großen bei dieser Gelegenheit ihre Freude und Anhänglichkeit durch Geschenke; von allen Seiten eilte, was angesehn und edel war, nach Alexandria. Joseph fühlte sich zu alt und wünschte einen seiner Söhne zu schicken; die älteren hatten keine Lust, aber Hyrkan war froh, sich auch in der großen Welt zeigen zu dürfen; er sagte sogleich, er werde nicht viel Geld nöthig haben, sondern sich knapp behelfen, und hoffe mit 10000 Drachmen auszukommen. Der Alte war über diese Aeußerungen hoch erfreut, denn sie bewiesen den Werth, den sein Lieblingssohn auf das Geld legte. Joseph hatte einen Buchhalter, Arion, in Alexandria, der alle seine Geschäfte dort besorgte, und große Summen von ihm in Händen hatte, um am Verfalltage den Pacht zu entrichten; auf ihn erbat sich Hyrkan einen unbestimmten Kredit; dann stellte er dem Vater vor, es würde viel besser seyn, die Geschenke in Alexandria einzukaufen, als sie mitzunehmen, theils, weil man in der Hauptstadt alles besser und geschmackvoller nach der neuesten Mode finden würde, theils, weil sie auf der Reise gestohlen oder beschädigt werden könnten. Dem Alten leuchteten die Gründe ein; er schrieb den Brief und rechnete auf 10 Talente, wie er auch wohl aus Vorsicht beiläufig einfließen ließ. Hyrkan kam an und verlangte sogleich 1000 Talente (in der Casse waren 3000). Arion wollte aus der Haut fahren; darum, meinte er, habe der Alte sich's nicht so sauer werden lassen und sich alles abgedarbt[7]), damit das schöne Geld nun von ihm liederlich[8]) durchgebracht werde; er rieth ihm, hübsch dem Beispiel des Vaters zu folgen, und schloß mit der Erklärung, er werde ihm 10 Talente auszahlen und keine Drachme mehr, (es scheint, daß der Werth dieser Summe mit Anstand überreicht werden konnte, und das Gewöhnliche war, was man bei solchen Gelegenheiten zu geben pflegte). Der hitzige junge Mensch ward über diese Weigerung äußerst aufgebracht, und ließ den Buchhalter verhaften; die Sache kam dem Könige zu Ohren, der ihn vor sich kommen ließ; Hyrkan wußte sich aber schlau und geschickt zu entschuldigen, der König lachte; der Beklagte ward gnädigst entlassen, und Arion mußte ohne Weiteres mit dem Gelde herausrücken. Nun ließ sich Hyrkan förmlich bei Hofe vorstellen, und fand in Rücksicht auf seinen Vater einen guten Empfang. Mit allen Großen zur Tafel geladen ward er als der Jüngste unten angesetzt. Offenbar scheinen sie ihn auch als Juden

---

7) πόνων καὶ ταῖς ἐπιθυμίαις ἀντέχων.

8) ἀσώτως.

verachtet zu haben, denn die Gäste machten sich den Spaß, alle Knochen vor ihm auf den Tisch zu legen, der ganz davon bedeckt ward. Nun gab es damals am ägyptischen Hofe einen Spaßmacher Namens Tryphon, der in hohen Gnaden, gleichsam der Liebling der hohen Herrschaften war: siehst du, sagte dieser zum König, die Knochen vor dem Hyrkan: du kannst daraus abnehmen, daß, so wie er diese des Fleisches beraubt hat, ganz Syrien von seinem Vater ausgezogen ist [9]). Ptolemäus fragte lächelnd den Hyrkan: woher er alle die Knochen bekommen habe? Glücklich wußte sich der Jüngling durch einen witzigen Einfall, ein Bonmot, herauszuhelfen: „die Hunde essen bekanntlich das Fleisch, wie diese, (indem er auf die Tischgenossen blickte) mit den Knochen, die Menschen essen das Fleisch und werfen die Knochen fort, wie ich jetzt gethan habe.“ Dem König gefiel diese kluge Antwort und er befahl allen Anwesenden, ihm Beifall zu klatschen. Am andern Tage machte er seine Aufwartung bei allen Großen: heimlich erkundigte er sich bei den Dienern, was die Herren am Geburtsfest für ein Geschenk geben würden: der eine sagte 10, der andre 12, ein dritter 15 Talente. Wie werde ich Aermster bestehn, hob Hyrkan kläglich an, da ich nicht mehr als 5 Talente bieten kann? Die Diener hinterbrachten natürlich dies Gespräch ihren Gebietern, die sich sehr darüber freuten, daß ein so dürftiges Geschenk den Unwillen des Königs gegen die Juden erregen würde. Der Tag erschien: Keiner brachte mehr als 20 Talente dar; Hyrkan aber hatte 100 Knaben und eben so viele Mädchen gekauft und für jeden Kopf ein Talent gezahlt: jene gab er dem König, diese der Königin: jeder Sklave und jede Sklavin überreichte zugleich ein Talent. Auch an die Großen und Höflinge vertheilte er große Geschenke, um sich ihre Gunst zu erhalten. Der König nahm diese Ehrengabe gnädig auf und entließ ihn mit einem huldreichen Schreiben an den Vater, worin er seine allerhöchste Zufriedenheit mit seinem wohlgerathnen Sohn bezeugte und ihn kräftigst empfahl. (Hyrkan war bange, der Alte möchte ihn seiner Verschwendung wegen zum Hause hinaus prügeln.) Seine Brüder gingen ihm

9) περιέδυσεν.

auch entgegen, um ihn mit Vorwissen des Vaters umzubringen. Joseph mußte freilich aus Furcht vor dem König seinen Zorn verbergen; doch geriethen die Brüder einander in die Haare: Hyrkan mußte endlich weichen, ging jenseit des Jordans und zog die Barbaren aus [10]), denn dieß Handwerk scheint der Familie einmal eigenthümlich gewesen zu seyn. Dieser Joseph hatte einen großen Einfluß auf sein Volk, er entriß es der Armuth und verhalf ihm zu einer glänzenderen Lebensweise: 22 Jahre verwaltete er die Einkünfte von Syrien, Phönizien und Samaria." Diese Geschichte scheint fast von den Gegnern der Juden erfunden zu seyn: sie gleicht auf ein Haar den Begebenheiten manches reichen jüdischen Hauses aus unsrer Zeit, und doch ist sie uralt: der jüdische Geschichtschreiber Josephus theilt sie der Welt als einen Beweis von den Anlagen, der Geschicklichkeit und Gewandtheit seines Volks mit und freut sich den Helden Griechenlands und Roms einige Juden in Joseph und Hyrkan an die Seite stellen zu können [11]). Von jeher suchten die Juden, auch wo sie es nicht nöthig hatten, wo ihnen alle andre Wege des Erwerbs offen standen, sich in solche Geschäfte einzulassen, die ihnen Gelegenheit zu einem möglichst großen Gewinn ohne Rücksicht auf das Wohl Andrer gaben und daraus erklärt sich der Haß, der sie schon in sehr frühen Zeiten verfolgte. Es ist merkwürdig, daß der H. Chrysostomus schon im Anfang des vierten Jahrhunderts in einer seiner Reden wider die Juden selbst von ihren Patriarchen sagt, was sind sie anders als Schacherer und Krämer und aller Unredlichkeit voll? [12]) Schon damals muß der Wucher und Schachergeist ein allgemeines Kennzeichen für sie gewesen seyn, weil der heilige Eiferer sich sonst natürlich andrer Ausdrücke bedient haben würde. Daß den Juden im Mittelalter viele thörichte und

---

10) φορολογων.

11) Josephi Antiqq. Jud. L. XII. c. 4. ed. Havercamp. Ich habe nur einen Auszug gegeben: doch ist kein einziger Zug hinzugesetzt: auch nichts modernisirt.

12) μη γαρ τὺς πατριάρχας τύτυς ἔπης, τὺς καπήλυς, τὺς ἐμπόρυς, τὺς πάσης παρανομίας γέμοντας. Adv. Jud. Tom. VI. Opp. Ed. Montef. I, S. 656.

abgeschmackte Beschuldigungen gemacht sind, ist unläugbar; allein man muß auch nicht vergessen, daß sie, wo sie irgend konnten, mit der ausgesuchtesten Grausamkeit die Christen verfolgten, z. B. in Arabien, wo es ihnen im Anfang des 6ten Jahrhunderts, also in einer Zeit, wo sie sich noch über keine Bedrückungen von Seiten der Christen beklagen konnten, gelang, einige Emirs zum Judenthum zu bekehren, daß im ganzen Mittelalter die entsetzlichsten Geschichten von der ausstudirten Grausamkeit in Umlauf waren, womit die Juden die Christen, wenn sie irgend konnten, verfolgten, wie die Volkssage, deren sich Shakespeare im Kaufmann von Venedig mit so bewundernswürdiger Kunst bedient hat, und daß sie den Namen des Heilandes und die Geheimnisse des christlichen Glaubens verlästerten und sich schändlicher Blasphemien erlaubten; in ihren religiösen Büchern, in den Erklärungen ihrer berühmtesten Lehrer, kommen die gräßlichsten Aeußerungen über Christus und seine Verehrer vor: sie werden verwünscht und die Juden bitten den Gott ihrer Väter, seine Verheißungen zum Verderben der Nichtjuden zu erfüllen. Unläugbar ist es, daß die Rabbiner, die zugleich den Adel des jüdischen Volks ausmachen, diesen Geist der Abneigung und des Hasses eifrig zu nähren suchten: und es mußte ihnen alles daran gelegen seyn, weil ihr ganzes Ansehn und ihre Bedeutung nur von der Integrität der Juden als eines abgeschiedenen Volk's abhing [13]). Wenn

13) Man findet die Beweise in den von Wagenseil, der ein Rechtsgelehrter und kein Theolog war, herausgegebnen rabbinischen Schriften, in den Auszügen bei Eisenmenger und in den Annalen der Juden in den preußischen Staaten, S. 108. An der Aechtheit dieser von frommen und gelehrten Männern gemachten Uebersetzungen läßt sich gar nicht zweifeln: man müßte es ihnen denn wie Moses Hirschel unserm Luther zum Vorwurf machen, daß er ein hebräisches Wort durch Schinden und nicht durch Drücken oder Kränken übersetzt. Daß manche dieser Stellen (aber nicht alle) milder gedeutet werden können, läßt sich zugeben; doch werden sie von den meisten Juden auf christliche Religion bezogen: und wenn sie zum Theil ursprünglich von den Heiden gelten sollten, so konnten ja die spätern Juden, die nur unter Christen lebten, unmöglich andre Fremde verstehn als diese.

nun die Christen theils durch ihre Theologen und Geistlichen, theils durch d e Proselyten von solchen Gräueln unterrichtet wurden, kann man es ihnen verdenken, daß sie von Abscheu ergriffen wurden, besonders wo die Ueberzeugung von der Seligkeit in und durch Christus alle Gemüther kräftig durchglühte; und kann man einen selbst übertriebnen Eifer für das Höhere und Göttliche verdammen? soll man ihn nicht der charakterlosen Lauheit und Toleranz einer erschlafften Zeit vorziehn? Zweitens hielt man die Juden für Zauberer und deswegen mußte man es nicht unwahrscheinlich finden, daß sie sich zu ihren magischen Künsten furchtbarer Mischungen, des Blutes ermordeter Christen und dergleichen, bedienten: dieser Wahn fand wieder in der Erfahrung eine beständige Bestätigung. Die Kabbala ist unläugbar aus einer tiefen Quelle geflossen: ihre Urelemente hangen mit den erhabensten Speculationen zusammen, wo u der m nschliche Verstand sich erheben kann, und die die würdigsten Ge ster beschäftigt haben: aber unter den Händen der Juden sind sie ganz ausgear et und zu einem thörichten Gewebe von Unsinn und Aberglauben geworden, wo kaum die ursprünglichen Begriffe und Ansichten noch durchschimmern. Selbst ein jüdischer Schriftsteller erzählt, daß der fürchterliche Sturm, der den Kaiser Carl V. bei seinem zweiten Zuge nach Africa überfiel und die ganze Unternehmung vereitelte, durch die Zauberkunst eines großen Kabbalisten Doran, der sich in Aldschier befand und hernach für diesen Dienst zu hohen Ehren befördert ward, hervorgebracht worden sey [14]). Immer fand man daher bei gelehrten oder angesehenen Juden Zauberbücher, z. B. bei dem Juden Lippold, bei einem berühmten Rabbi in Franken, vor etwa 100 Jahren [15]) und selbst Salomon Maimon erzählt von sich, daß er in allem Ernst glaubte, sich unsichtbar machen zu können und einen Versuch machte, der freilich übel ablief: Allgemein glaubten sie von ausgelernten Kabba-

---

14) Selig in s. nützlichen Werk: der Jude, Bd IX. S. 128. aus dem Schalscheleth Hakallaba: auch Eisenmenger I, 163. 164.

15) Höchst wichtiger actenmäßiger Bericht als Beitrag zur Geschichte der Juden. Franken 1804.

listen, daß sie thönerne Figuren beleben und zu dienstbaren Geistern machen könnten; der preußische Jude Fürst erwarb sich sogar durch seine kabbalistische Ausrechnung, daß das Land Preußen nothwendig zu einem Königthum erhoben werden müsse, die Gnade des Hofes. Diese unwidersprechlichen Thatsachen müssen uns abhalten, so unbedingt in das Geschrei über ungerechte Verfolgung, fanatischen Druck, Aufhetzung christlicher Pfaffen u. s. w einzustimmen.

Bei einer genauen und vorurtheilsfreien Betrachtung der alten deutschen Verfassung im Ganzen wie im Besondern kann man den verständigen, gerechten und milden Sinn nicht genug bewundern, der aus allen Einrichtungen hervorleuchtet. Auch die Juden sind in Deutschland von jeher auf eine Weise behandelt worden, die mit den Rücksichten auf das deutsche Volk als der ersten sowohl, als den Forderungen der Menschlichkeit übereinstimmte; wenn die Juden bisweilen gemißhandelt und verfolgt wurden, so geschah dies durch den rohen Ausbruch der gereizten und erbitterten Menge, ganz gegen das Gesetz, das verordnet: alle Tage sollen Frieden haben Pfaffen, geistliche Leute und Wittwen und alle Waisen, Kaufleute und Juden an ihrem Hab und Gut [16]): sie standen in unmittelbarem Schirm des Kaisers, als dessen eigne Unterthanen sie angesehn wurden: und das war nothwendig, weil sie nur dadurch im ganzen Reich befriedigt werden konnten. Von den guten Folgen dieses Verhältnisses für die Juden finden sich merkwürdige Beispiele. In der St. Galler Stadt Wyl hatte ein Jude, Samuel Levi, um das J. 1469, sich erschreckliche Betrügereien zu Schulden kommen lassen, dessen ungeachtet wagte der Fürstbischof nicht ihm eher den Proceß machen zu lassen, als bis ihm Kaiser Friedrich III. die Erlaubniß dazu ertheilt hatte; selbst die Strafe ward in Hinsicht seines Verhältnisses als eines Kaiserlichen Unterthanen gemildert [17]). Ueberdies hing es ganz genau mit den herrschenden Vorstellungen der Zeit zusammen: die deutschen Kaiser galten

---

16) Schwabenspiegel c. XIV der Schilterschen Ausgabe, so auch der Sachsenspiegel.

17) Ulrich Sammlung jüdischer Geschichte in der Schweiz. S. 219.

als Nachfolger der römischen Imperatoren: was für fruchtbare Folgerungen aus dieser Ansicht abgeleitet wurden, ist bekannt: nun hatten die Juden gerufen regem non habemus nisi Caesarem (wir haben keinen König als den Kaiser;) Titus hatte außerdem bei der Zerstörung Jerusalems 30 Juden um einen bösen Pfennig gekauft und sie dem Reich übergeben. Billig war es, daß der Eid des Juden nicht über den Eid des Christen gehn durfte: die Juden mußten einen Christen überzeugen mit dem Zeugniß von 3 Christen: aber auch der Christ mußte gegen einen Juden wenigstens einen jüdischen Zeugen stellen: und der Eid, den der Jude auf vorgeschriebene Weise ablegte, hatte Kraft. In Augsburg mußten die Christen, die Klagen wider sie hatten, bis zum J. 1435 sie in ihren Synagogen vor einer gleichen Anzahl jüdischer und christlicher Richter belangen: erst im erwähnten Jahr ward verordnet, daß sie dem Stadtgericht unterworfen seyn sollten [18]. Das Recht zeugen zu dürfen scheinen sie aber bald sehr gemißbraucht zu haben, daher das altdeutsche Sprichwort: Kommt der Fuchs zur Heide und der Jude zum Eide sind sie frei alle Beide. In Zürich ward es ihnen 1404 entzogen; und man kann mit Recht schließen, daß sie es durch erhebliche Ursachen verwirkt haben, weil sie gerade hier beständig mit großer Schonung behandelt wurden. Hatte ein Christ einen Juden erschlagen, so ward der Thäter eben so angesehn, als wenn er einen Christen getödtet hatte. Oeffentlich durfte der Jude sogar auf Diebsgut leihen und der Eigner, der es wieder verlangte, mußte das Darlehn erstatten. In Zürich waren sie nicht einmal verpflichtet denjenigen zu nennen, der ihnen unrecht erworbenes Gut verpfändet hatte; doch eifert der Schwabenspiegel dawider und bemerkt: „das haben ihnen die Kaiser ertheilt wider Recht, daß sie leihen auf diebiges oder raubiges Gut." In einigen Orten z. B. in Biel war ihnen auch erlaubt, auf Waffen und Kriegsgeräth zu leihen; doch unter der Bedingung, daß wenn man sie nöthig hatte, sie ausgeliefert, aber nach gemachtem Gebrauch zurückgegeben werden sollten: man trieb die Schonung so weit, daß wenn der Fall an einem Sab-

18) v. Stetten Geschichte der Stadt Augsburg. S. 120.

bath eintreten sollte, der Bürgermeister und einige Rathsherren verpflichtet waren, sie aus der Wohnung der Juden zu holen. In Schafhausen war es verboten auf Harnische zu leihen, doch verloren sie nur die Zinsen, nicht aber das darauf geborgte Kapital [19]). In der Bestrafung sollten die christlichen Richter mit Maß verfahren, um die Juden nicht zu verderben. Niemand sollte sie zum Christenthum zwingen, sondern nur mit Güte konnte man versuchen, sie von ihrem Wahnglauben zu überzeugen. Dagegen aber waren die alten deutschen Gesetze eifrig darauf bedacht, die Nationalverschiedenheit recht kräftig auszudrücken, weil sie den Werth der Volkseigenthümlichkeit erkannten: daher ward verordnet, daß, wenn ein Christ bei einer Jüdin liegt oder umgekehrt ein Jude eine Christin schwängert, beide verbrannt werden sollen: denn der Christ hat Christenglauben verläugnet [20]). (Diese Strafe ist übrigens wohl nie vollzogen worden, sondern ward für die Juden in Geldbuße und Verweisung, für den Christen in eine schimpfliche Herumführung mit der spitzen Judenmütze verwandelt. In Zürich kamen Vergehungen der Art sehr häufig vor. Ein so strenges Verbot kann um so weniger auffallen, da die Jüdischen Gesetze ganz dieselbe Ansicht haben und jeden vertrauten Umgang mit einem andern Glaubensgenossen als ein Vergehen wider die Natur betrachten, worauf die härtesten Strafen, die Geißelung und selbst der Tod gesetzt sind.) Den Juden war verboten, christliche Diener zu halten: um als Jude erkannt zu werden (nicht zum Schimpf), mußten sie einen gespitzten Hut tragen: der späterhin noch in der Reichspolizeiordnung von 1530, in einen gelben Ring an ihrem Kleide verändert ward [21]). In vielen deutschen Ländern hat man die Juden aufgenommen; überall ging man bei ihrer Aufnahme und Behandlung von ähnlichen Grundsätzen aus [22]); wo sie das Schutzrecht erlangt

---

19) Ulrich 228 u. 464.

20) Schwabenspiegel, CCCXVII.

21) Das. c. CCLVIII.

22) Z. B. in Bayern v. Aretin Geschichte der Juden in Bayern 26. in der Mark, Annalen der Juden in den preußischen Staaten. S. 32.

hatten, mußte, wer sie mit Werken oder Worten beleidigte, ihnen wie jedem andern Bürger büßen: es ward ausdrücklich verboten, sich selbst Recht gegen sie zu schaffen oder ein Geschrei auf die Juden zu erheben: sondern alle Klagen sollten vor den Rath und die Obrigkeiten gebracht werden [23]). In Augsburg erhielten sie 1290 sogar die Erlaubniß, ein Bad- und Tanzhaus zu bauen und ein eignes Siegel [24]). Sie haben besonders an den Fürsten Gönner gefunden: hauptsächlich weil sie ihnen baares Geld verschafften, worüber sich Luther bitterlich beklagte [25]): ja selbst in den geistlichen Stiftern wurden sie geduldet: es war ihnen z. B. im Würzburgischen gesetzlich erlaubt, einen Zins von beinahe 50 Procent zu nehmen: dasselbe war der Fall in den schweizerischen Städten, und es war schon viel, wenn sie bey den Bürgern sich mit der Hälfte begnügen sollten; es fehlt auch nicht an Beyspielen, daß sie gegen den Fanatismus der Christen kräftig geschützt wurden: mit unerbittlicher Strenge wurde jede Beleidigung bestraft, die ihnen wiederfuhr, und es würde sehr leicht seyn, die folgende Reihe von Beispielen aus allen Gegenden Deutschlands ungemein zu vermehren. Der schwäbische Bund that 1384 zwölf Männer von Nördlingen in die Acht und erklärte, daß sie, wenn sie in einer Bundesstadt getroffen würden, sogleich hingerichtet werden sollten, weil sie die Nördlinger Reichsjuden in einem Auflauf ermordet hatten [26]). Um dieselbe Zeit ward einem Nagler in Nürnberg, Albrecht Knoll, die Stadt 10 Meilen Wegs auf 5 Jahre lang verboten, weil er in der Fasten 3 Juden, die ihm kein Leid thaten, hart geschlagen hatte unter dem Vorwande, er müsse die Juden öhlen [27]). Aehnliche Beispiele, daß Bürger, die den Juden auch in Schuldangelegenheiten zu nahe gethan hatten, die Stadt meiden mußten, kommen in Zürich sehr häufig vor: ja, als im J. 1392 eine Nonne ein jüdisches

23) Ulrich S. 464. v. Lucern.

24) v. Stetten I, 81.

25) s. Brief v. 9ten Febr. 1544, in Luthers ungedruckten Briefen von Schütz. Bd. I, 299.

26) Ulrich, S. 447.

27) Will hist. diplom. Magazin II, 501.

Kind entführt hatte, um es zum Christen zu machen, ward eine sehr sorgfältige Untersuchung darüber verhängt, deren Ausgang zwar nicht bekannt ist, aber man kann voraussetzen, daß die Thäter strenge bestraft worden sind [28]). Die Stadt Regensburg, die 1476 eine Judenverfolgung wegen vorgeblich gemordeter Kinder anstellte, mußte ihnen 135,000 Goldgulden Schadenersatz bezahlen. Als Kaiser Karl IV den Augsburger Juden eine Steuer von 10000 Fl. auflegte, nahm die Stadt Augsburg sich ihrer an, verfiel aber selbst darüber in die kaiserliche Ungnade. Kaiser Max verbot 1519 selbst einem eifrigen Regensburger Geistlichen, der das Volk wider sie aufhetzte, gegen sie zu predigen [29]). Selbst wo man sie zu vertreiben für gut fand, wie 1440 in Augsburg, behandelte man sie mit der größten Billigkeit: sie durften nicht nur ihre sämmtliche unbewegliche Habe mitnehmen, sondern konnten auch binnen 2 Jahren ihre Häuser verkaufen; dessen ungeachtet ward Friedrich III. über diese Vertreibung höchst ungnädig und die Stadt mußte noch nach 16 Jahren mit 12000 Gulden dafür büßen. Eben so milde wurden sie auch anderwärts, namentlich in England behandelt, wo sie Landeigenthum besitzen konnten und manche andere Vorrechte genossen. Unter diesen Umständen lag es nur an den Juden, daß sie keine andere Gewerbe wählten, sondern den Handel, die Trödelei, kurz alle Geschäfte vorzogen, die ihnen verstatteten, einen schnellen und großen Gewinn ohne bedeutende Anstrengung zu machen; es ist um so einleuchtender, da es ihnen an vielen Orten, wie z. B. in Zürich gar nicht verwehrt war, Grundstücke, Weinberge, Aecker u. dergl. zu erwerben [30]).

28) Ulrich 22.

29) Aretin S. 37 und 39. Es ist vielleicht nicht uninteressant zu bemerken, daß in Bayern bereits in d. Jahre 1541 eine Vertheidigung der Juden erschien, die das, was sich widerlegen läßt, recht gut widerlegt: dagegen erhob sich der berühmte D. Eck, der wenigstens in Hinsicht seines Judenhasses mit Luther übereinstimmt; er hat einige gute Vorschläge über die Bedingungen, unter denen sie geduldet werden können. Ob auch ihm die Juden Anleihen abschlugen, hab' ich noch nicht erfahren.

30) Ulrich. S. 25.

Daß aber die verkehrte Bildung und der schädliche Einfluß der Juden auf andere Völker, unter denen sie wohnen, nicht aus dem Druck, sondern aus Ursachen hervorgehn, die in ihnen und ihrer Verfassung liegen, beweist das Beispiel Spaniens und Polens. In Spanien genossen sie während des Mittelalters die größten Vorrechte, und bald waren alle Geldgeschäfte in ihren Händen: sie waren die Finanziers der Könige und der Großen: das Volk ward auf das fürchterlichste gedrückt: sie hatten sogar das Recht, Ländereien zu erwerben und zu besetzen: sie haben dies Vorrecht auch benutzt: aber die Aecker wurden von Christen bestellt, die sie nicht nur auf's äußerste drückten und preßten, sondern selbst mit den Produkten trieben sie einen wucherlichen Handel. Aus diesem Grunde und nicht blos aus Fanatismus entstand in Spanien ein so allgemeines Geschrei, das endlich nur durch ihre gänzliche Verbannung gestillt werden konnte [31]). In Polen scheinen die Juden bald nach der Einführung des Christenthums eingewandert zu seyn: schon im Jahr 1264 gab ihnen Herzog Boleslav große Vorrechte, die ihnen Casimir der Große um das Jahr 1341 bestätigte, der Sage nach aus Liebe zur schönen Esther, einer Jüdin: offenbar aber aus andern Gründen. Man hoffte nämlich durch die Juden den fehlenden dritten Stand, das eigentliche städtische Gewerbe zu ersetzen. Wie sie dieser Erwartung entsprochen haben, liegt zu Tage: ganz dieselben Verhältnisse entstanden wie in Spanien; sie wurden die Hauptbewohner der Städte, und zogen alle Gewerbe so an sich, daß kein Christ neben ihnen aufkommen konnte: sie machten eine eigne politische Verbindung aus, die von ihren Aeltesten und Rabbinern beherrscht wurde; alle Juden in Polen waren in gewisse Provinzen eingetheilt: sie hielten ordentliche Landtage und schickten aus ihrer Mitte Deputirte nach Warschau: sie wählten einen eignen Marschall auf 6 Jahre und obgleich der letzte König von Polen diese öffentliche Staatsverfassung aufhob, so dauerte sie doch im Geheimen fort. Mit großer

31) Hr. Etatsrath Moldenhawer hat die Verhältnisse der Juden in Spanien sehr gründlich auseinandergesetzt in einer dän. Abhandlung, die ich in einer Uebersetzung in dem Anhange hinzugefügt habe.

Schlauheit hatten sie alle Kapitalien des Adels und der Geistlichkeit an sich zu ziehn gewußt, alle Christen wußten sie von den einträglichsten Gewerben, von Branntweinbrennereien, Wirthshäusern, Mühlen u. s. w. zu entfernen, und bald brachten sie es dahin, daß kein Christ im Stande war, sich in irgend ein Geschäft der Art einzulassen; die Juden trieben Handel und solche Handwerke, wobei sie ohne große Anstrengung ihrer Kräfte einen großen Gewinn machen und betrügen konnten; z. B. das Schneiderhandwerk, aber der Jude macht weite Stiche um Zwirn zu sparen und weil er Tuch zurückbehält, spannen alle von ihm gemachten Kleidungsstücke; sie machten auch noch Gürtel, die mit Gold und Silberfaden durchwebt sind und wobei wieder ein außerordentlicher Gewinn gemacht werden kann, und besonders gern gaben sie sich mit Goldarbeiten ab [32]); sie ermunterten und nährten die Neigung zum Trunk, um desto größern Vortheil zu ziehn; den Feldbau und alle mühsamen Arbeiten überließen sie den Christen. Im Jahr 1656 beklagten sich die polnischen Juden bei dem Kurfürsten in Brandenburg, daß sie zum Theil aus Dürftigkeit und um der Erhaltung willen gezwungen wären, bei den Polen auf den Feldern zu arbeiten, und baten, ihnen deswegen den Aufenthalt in den brandenburgischen Staaten zu erlauben [33]). Es gelang ihnen sich bei den Großen und bei den Gerichten Schutz und Gönner zu erwerben: sie waren einmal so tief in das ganze Wesen des polnischen Staats verflochten, daß es nicht möglich war, sie herauszureissen. Die Juden waren die Pächter der Gefälle und Einnahmen: gerade hierüber entstanden in der Ukräne die Unruhen der Kosaken, welche endlich die Trennung des Landes von Polen zur Folge hatten: den Juden waren selbst die nichtunirten Kirchen verpachtet: die Geistlichen mußten, wenn ein Kind getauft oder eine andre gottesdienstliche Handlung verrichtet werden sollte, die Schlüssel von dem jüdischen Pächter abholen, der sie, wenn ihm nicht eine nahmhafte Summe dafür bezahlt ward, verweigerte: ja an manchen Orten war

---

32) Rohrer über die jüdischen Einwohner der Oestr. Monarchie. S. 67 ff.

33) Annalen der Juden in den preußischen Staaten S. 85.

ihnen sogar die Gerichtsbarkeit verpachtet [34]). Warum, kann man fragen, wurden die Juden nicht hier, wo sie alle erwünschte Freiheit genossen, wo sie offenbar nicht die Gedrückten, sondern die Drückenden waren, zu thätigen und nützlichen Bürgern, sondern blieben bis auf den heutigen Tag die Blutsauger des Volks, vor denen kein Zweig der Betriebsamkeit empor kommen konnte? Wie geht es zu, daß die polnischen Juden auf der allerniedrigsten Stufe der Kultur stehn? bedarf es noch eines deutlichern Beweises, daß es der Geist ihrer Religion und ihrer mit derselben genau zusammenhängenden Volksverfassung ist, der jede höhere Veredlung hemmt, der das Volk in Elend und Dumpfheit niederhält, der dem Charakter eine so unselige und verhaßte Richtung giebt [35])? Wie verderblich aber der Einfluß der Juden auf die Bildung und Entwicklung der Polen gewirkt hat, liegt der Welt vor Augen. Daß das russische Volk sich so sehr von den Polen unterscheidet, daß es weit thätiger und betriebsamer ist, liegt zum Theil an dem Umstande, daß schon seit den Zeiten des Großfürsten Wladimir II. (zu Anfang des 12ten Jahrh.) die Juden vertrieben wurden und daß sie bis auf die neuesten Zeiten, wo sie eine unvermeidliche Zugabe der polnischen Erwerbungen waren, keinen festen Fuß darin gewinnen konnten. Auch im ehemaligen Polen findet man in den Kreisen, wo der Juden weniger sind, unter Bürgern und Bauern mehr Wohlstand, Reinlichkeitsliebe, eine vollere Physiognomie und überhaupt ein einnehmenderes Aeußere als in den benachbarten Gegenden, die das Unglück haben von den Juden heimgesucht zu seyn [36]).

---

34) Engel Gesch. der Ukräne S. 125.

35) Man vergl. den Aufsatz eines verständigen Beobachters Hrn. Hansen über Gallizien und Lodomirien in Zöllners Lesebuch für alle Stände IV, S. 197. Rohrer über die jüdischen Bewohner der Oesterr. Monarchie, Wien 1804. 8. und die interessanten Nachrichten des Hrn. Dr. Bidder über Russisch-Litthauen, in der Zeitschrift für die neueste Geschichte, die Staaten- und Völkerkunde, März u. April 1815. S. 239.

36) Rohrers Bemerkungen auf einer Reise durch Ost- und Westgallizien S. 227.

Eine gründliche und unbefangene Betrachtung der Verhältnisse der Juden in den verschiednen Ländern, wo sie seit ihrer Zerstreuung gewohnt haben, führt zu dem Resultat, daß die Klagen über ungerechten oder unmäßigen Druck im Allgemeinen übertrieben oder ungegründet sind; daß man es den Christen nicht verdenken kann, wenn sie das Verhältniß scharf zu bestimmen suchten, worin sie zu einem Volk stehn wollten, das unter ihnen lebte, und seine Volkseigenthümlichkeit auf's strengste behauptete; daß es überall nur an den Juden selbst gelegen hat, wenn sie sich auf keine andern Gewerbe als blos merkantilische legten, daß sie durch Hindernisse, die tief in ihrer religiösen und bürgerlichen Verfassung gegründet sind, davon zurück gehalten wurden, daß sie endlich überall, wo ihnen irgend eine freie Wirksamkeit verstattet war, dieselbe zum Verderben und Schaden der Nichtjuden gemißbraucht, und dadurch die Abneigung und den Haß derselben genährt und erhöht haben. Man hat nun seit beinahe 40 Jahren die Frage über die bürgerliche Verbesserung der Juden überall in Anregung gebracht, es ist unläugbar von Seiten mancher Staaten vieles für sie geschehn; aber hat dies Volk als Gesammtheit in dieser Frist auch nur einen einzigen Schritt zum Bessern gethan? Wo sie sich im Aeußern den Christen näherten, haben sie aufgehört, Juden zu seyn; hat man Beispiele daß sie Landbauer, daß sie Handwerker im edleren Sinne des Worts geworden sind, oder daß sie im Grunde durch etwas Würdigeres und Edleres sich ausgezeichnet haben, als durch den Besitz des Geldes, das doch immer der einzige Maßstab geblieben ist, wonach eine jüdische Größe berechnet und beurtheilt wird?[37]) An die Spitze von gewissen Fabriken mögen sie sich gestellt und sie auch mit Erfolg und Glück betrieben haben; aber daß es für viele Länder und Städte eben kein Vortheil war, wenn Fabriken in ihnen blühen, und die Handwerker arm sind oder gar auswandern, darüber kann man auch nicht zweifelhaft seyn. Ja es ist auffallend, daß selbst die Freiheiten, die den Juden ertheilt wurden, Veranlassung zu ununterbrochener Fortpflanzung des rohesten

37) Wenige einzelne Ausnahmen, die mir sehr wohl bekannt sind, können nicht als Gegenbeweis gelten.

Judaismus wurden, dessen Hauptsitz unläugbar Brody ist, welchem Ort Joseph II. die Rechte einer Freistadt ertheilte. Suchen wir aber die Gründe in der bürgerlichen und religiösen Verfassung der Juden auf, woraus ihr eigenthümlicher Zustand in der Zerstreuung sich erklärt, so bieten sich außer den lästigen Geboten des Ceremonialgesetzes drei Momente als die bedeutendsten dar, die hier nur in der Kürze angedeutet werden.

1. Die streng aristokratische Verfassung und die Autorität ihrer Rabbiner. Das ganze Volk zerfällt in den Adel oder die Gelehrten, und den Pöbel oder die Ungelehrten; andere Standesunterschiede giebt es unter ihnen nicht. Der Geldadel wird unter den eigentlichen Juden selbst weit minder geachtet, als die Kenntniß der fratzenhaften und geistlosen Art der Gelehrsamkeit, worin ihre Rabbiner ihre geistigen Kräfte übten und verdarben; der reichste Jude hält es für die größte Ehre, seine Tochter mit einem armen Rabbiner zu vermählen, und jeder Vater wünscht seinen Sohn zum Gelehrten zu erziehn. Jede freie Entwickelung wird unmöglich, so lange diese Verhältnisse bestehn; alle Aussprüche seiner Lehrer mit blindem Gehorsam anzunehmen, ist die erste und heiligste Pflicht des Juden, und das Interesse der Rabbiner ist es natürlich, dieses Verhältniß möglichst zu erhalten und zu befestigen [38].

2. Hiermit hängt der Glaube zusammen, daß die Juden das erste und vorgezogenste Volk Gottes sind, dem die Herrschaft der ganzen Welt gebühre, und daß eine Zeit kommen werde, die die ganze Erde ihrer Gewalt unterwirft; daher giebt es kein Volk, nach ihrer Meinung, das sich in irgend einer Hinsicht vor ihnen eines Vorzugs rühmen darf; allen sind sie moralisch überlegen. Hieraus entsteht ein Hochmuth, der ein unauslöschlicher und unbewußter Charakterzug wird. Spanische Schriftsteller haben bemerkt, daß die Juden zuerst anfingen, ihren Namen den Titel Don vorzusetzen, und daß ihr Beispiel endlich auch die

---

38) Hierüber enthält Salomon Maimon's Leben die merkwürdigsten Aufschlüsse; es giebt vielleicht kein Buch, woraus man den Geist des Judenthums so wahr und lebendig kennen lernt.

Eingebohrnen ansteckte, so daß selbst Bauern und Hirten sich diese Ehrenbenennung anmaßten, die eigentlich nur hohen und edlen Personen zukam[39]). Ja eben diese innige Ueberzeugung von ihrer Vorzüglichkeit ist die Ursache von der abscheulichen Vernachlässigung ihres Aeußern, die man den Juden so oft vorgeworfen hat; auch in Lumpen gehüllt glaubt er vor dem Weltrichter immer schöner und willkommner zu sehn als der reinlichste Christ[40]). Folgende Stellen kommen in den heiligen Büchern der Juden vor: Eine jüdische Seele allein ist in den Augen Gottes lieber und werther als die Seelen eines ganzen Volks; die Israeliten sind vor Gott angenehmer als die dienstbaren Engel, sie sind unter den Völkern, was das Herz unter den Gliedern ist, nur um ihrentwillen ist die Welt erschaffen, und ohne sie kann sie nicht bestehn, sie machen die Frucht, die andern Völker die Schalen aus; die Israeliten sind durch ihre guten Werke von allen Völkern der Welt unterschieden, sie sind im Gegensatz gegen die übrigen Völker, bei denen ein Weiser eine Seltenheit ist, sämmtlich klug und verständig; es ist eben so viel einem Juden einen Backenstreich zu versetzen als der göttlichen Majestät[41]). Dieselben Aeußerungen finden sich in den neuesten, von den aufgeklärtesten Juden herrührenden Schriften. „Gewisse menschliche Tugenden sind den Juden gemeiner als den meisten Christen. Man bedenke den gewaltigen Abscheu, den sie vor einer Mordthat haben. Wie mitleidig sind sie nicht gegen alle Menschen, wie milde gegen die Armen beider Nationen. Und wie hart verdient das Verfahren der meisten Christen gegen ihre Armen genannt zu werden. Es ist wahr, sie treiben diese beiden Tugenden zu weit, ihr Mitleiden hindert beinahe die Gerech-

---

39) Don Pellicer in einer Anm. zu s. Ausgabe des Don Quixote, Madrid 1797, Bd. I. S 31. Guardiola tratado de la Nobleza, Madrid 1591, S. 6. comohizieron los Judios en España que a penas se hallara escritura antigua dellos en que no se intitulen Don.

40) Rohrer über die jüdischen Bewohner der öſtreich. Monarchie, S. 52. Es verdient diese Schrift die größte Aufmerksamkeit.

41) Noch weit mehrere Aeußerungen der Art s. bei Eisenmenger, Th. 1, c. 14.

tigkeit, und ihre Mildigkeit ist beinahe Verschwendung. Ich könnte noch vieles von ihrem Fleiß, von ihrer bewunderns-würdigen Mäßigkeit, von ihrer Heiligkeit in der Ehe hinzusetzen" [42]). „Mord, Kindermord, Mordbrennerei, Raub, Straßenräuberei, Diebstahl, Unkeuschheit, Blutschande, Pederastie (Päderastie), Bedrückung der Wittwen und Waisen und andere grobe Verbrechen sind alles Phänomene, die theils gar nicht, theils äußerst selten bei Juden vorkommen" [43]). Die Christen haben von den Juden im Handel und Wandel weit besser kalkuliren gelernt [44]). Die Christen haben zur Bildung der Juden nur wenig, aber das Beispiel eines Moses Mendelsohn wahrlich sehr viel beigetragen [45]). Immer sind solche Städte, die keine Juden dulden, im Flor gegen die Städte zurück. wo man tolerant gegen sie ist [46]). Ich kenne, sagt Moses Hirschel, fast alle bekannte positive Religionen genau, aber keine ist von Blattern befreit, und daher lohnt es sich wahrlich der Mühe nicht, Blattern mit Blattern umzutauschen [47]). Daß verhältnißmäßig mehr Zucht und Keuschheit unter den Juden als unter den Christen herrscht, bestätigt überall die Erfah-

---

42) Moses Mendelssohn in einem Briefe über das Schauspiel: die Juden, in Lessings Schriften, Th. 23. S. 124. Es sey fern von mir, diese zum Theil höchst lächerlichen Prahlereien zu widerlegen; nur eine Bemerkung kann ich nicht unterdrücken, daß gerade der Ruhm, den Mendelssohn seinem Volk beilegt, sehr problematisch ist; sind nicht unter den Räuberbanden, nach allen Inquisitionsacten, die Juden immer die feigsten, aber auch die grausamsten? Wie reimt sich mit dieser angebohrnen Sanftmuth der notorische Umstand, daß die Juden eine barbarische Gefühllosigkeit gegen das Vieh, selbst gegen die Pferde, beweisen, wie die feine Bemerkung Rohrers, daß die Juden in Gallizien fast ausschließend das Metzgerhandwerk treiben, während man keinen einzigen Gärtner unter ihnen findet?

43) Moses Hirschel Apologie der Menschenrechte, S. 47.

44) Derselbe.

45) Das. S. 113.

46) Das.

47) Das. S. 76.

rung[48]. Mendelssohn war weder Arzt noch Künstler; Friedländer, Salomon Maimon, Weßeli, Ben David und meine Wenigkeit (Moses Hirschel) waren es auch nicht, und doch durften sie noch keine Vergleichung mit den edelsten Christen scheuen[49]. Die Menschheit kennt wenig oder gar keine Begebenheiten von solcher Wirkung, als die Ausbreitung dieser (der jüdischen) Nation und ihrer Urkunden auf die Menschheit vom Aufgang bis zum Niedergang tausende von Jahren herab gehabt hat und noch hat[50]. Wir können, wie uns dünkt, die Annalen der Menschheit in der Hand, laut sagen, daß das Christenthum in jenen Zeiten (da der Talmud entstand, also in der Epoche der ursprünglichsten Reinheit unsrer Religion) noch tiefer gesunken war als die Religion der Juden[51]. Das Judenthum ist besser als das Christenthum, weil es die Dogmen seiner Religion keiner läuternden Feuerprobe zu unterwerfen braucht[52]. In Ansehung der Moralität stehn die Juden um keine Sprosse tiefer als irgend ein anderes noch so gelehrtes, cultivirtes und polirtes Volk[53]. Bei keinem Volk werden die Tugenden der Menschheit (?) häufiger angetroffen; keins übt die wahre Mildthätigkeit in einem höhern Grade aus; nirgends ist väterliche und kindliche Liebe, die Heiligkeit der Ehe tiefer gegründet, nirgends die Aufopferungen zum Besten Anderer zahlreicher und größer; bei keinem gesitteten Volk sind die groben Verbrechen: Mord, Raub und Todschlag, und Landesverrätherei, die unnatürlichen Laster, die verdorbenen Sitten seltener![54] „Man vergißt, daß Deutschlands Heere in dem Kampf gegen Frankreich unterlagen, ehe noch die Juden in ihrer Mitte Theil daran nahmen, und erinnert sich nicht, wie folgenreich sie in den Jahren 1812 und 1814 kämpften, als die Juden aus Rußland, Polen, Oestreich und Preußen mit ihnen in Reihe

48) Das. S. 204.
49) Das. S. 198.
50) Sendschreiben einiger jüdischen Hausväter, S. 26.
51) Das. S. 45.
52) Das S. 47 u. 48.
53) Das. S 51.
54) Das. S. 55.

und Glied standen"[55]). Es bedarf wohl keines weitern Beweises, daß die Vorstellung, das erste aller Völker zu seyn, den jüdischen Begriffen so eingewachsen ist, daß keine Aufklärung sie vertilgen kann. Niemand kann uns der Consequenzmacherei beschuldigen, wenn wir aus diesen Ansichten und Aeußerungen die Folgerung ziehn, daß die Juden als das erste, würdigste, musterhafteste aller Völker nothwendig den Vorzug und die erste Stelle ausschließend verlangen können; daß diese Anerkennung ihres höhern Werths ihnen ungerechterweise verweigert sey, und daß nichts billiger seyn kann, als sie, das Salz und den Kern der Menschheit, als das Ideal zu verehren, dem Alle huldigen müssen? Auch in ihren Forderungen und Ansprüchen ist ein Stufengang unverkennbar von billigem und bescheidnem, von Duldung zur Anerkennung ihrer Menschenrechte, von dieser zur Ertheilung aller Volks- und Bürgerrechte, und von dieser zur Accommodation nach ihren Gesetzen und Sitten. Schon hat ein aufgeklärter, patriotischer Jude mit aller Unbefangenheit öffentlich vorgeschlagen, daß, da es nicht zu hoffen sey, daß die Juden, die so steif und fest an dem Gesetz und dem alten Herkommen hängen, ihren Sabbath verlegen werden, die Christen lieber ihre Sonntagsfeier auf den Sonnabend, ihre Osterfeier auf das Passah, das Weihnachtsfest auf das Hamansfest verlegen möchten; und er fordert sogar alle Regenten auf, zu diesem herrlichen und wohlthätigen Unionsvorschlag die Hand zu bieten[56]).

Ja wo sie sich irgend einigen Einfluß verschaffen konnten, wollen sie nicht einmal dulden, daß jüdische Schlechtigkeiten und lächerliche Eigenthümlichkeiten auf dem Schauplatz dargestellt werden. Als im Jahr 1788 der Kaufmann von Venedig in Berlin aufgeführt ward, glaubte Ramler eine Entschuldigung machen zu müssen, daß man sich erkühne, einen schlechten Juden auf die Bühne zu tragen; er schrieb

55) Die Germanomanie, von S. Ascher. Berlin 1815. S. 67.

56) Ein freundliches Wort an die Christen von einem Juden, Königsberg 1804, S 36. „Sie müssen alle Aergerniß überwinden, sonderlich daß der Sabbath verlegt ist, welches sie sehr bewegt und hart an den Kopf stößt, und die Apostel haben's also geordnet, des Herrn Auferstehung zu Ehren." Dr. M. Luther.

einen gar holprigten Prolog, worin er gestand, daß in der Regel die Christen die schlechten wären; indessen äußerte sich der Unwille des christlichen Publikums über eine so grobe Unschicklichkeit so nachdrücklich, daß man bei den folgenden Vorstellungen diese Entschuldigung wegließ[57]). Was für einen Lärm haben sie in unsern Tagen erhoben über eine kleine unschuldige lustige Posse, deren Titel man sogar aus schonender Rücksicht geändert hatte; was für Versuche gemacht, um die Aufführung derselben zu hindern[58])!

Diese innige und von Jugend auf genährte Vorstellung von ihrer Vortrefflichkeit ist auch die geheime moralische Kraft, welche die Juden gleichgültig gegen jede Behandlung gemacht hat, die ihnen außerhalb des Kreises ihres Volks widerfährt; sie gab ihnen Trost bei allen Bedrängnissen, sie setzte sie weg über Ehre und Schande, denn Niemand konnte sie schänden oder ehren, als wer zu ihnen gehörte; doch

---

57) Annalen der Juden in der M. Br. 329. Der würdige Verf. der verstorbene Ordensrath König, äußert sich auf eine sehr verständige Weise über diese so unbegreifliche Abgeschmacktheit.

58) Das Stück: die Judenschule, oder wie es hier betitelt wird: unser Verkehr, wird jetzt von den Kritikastern als schlecht und jämmerlich verschrieen; es ist aber ein sehr lebendiges Charaktergemälde, das, gut gespielt, sehr unterhalten muß. Es ist sogar ganz regelgerecht, hat Einheit des Orts, der Zeit und der Handlung, und da ist es doch gar zu viel gefordert, daß es nicht nur regelmäßig und unterhaltend, sondern auch noch obendrein moralisch-sentimental seyn soll! Im Ernst gesprochen war es gar nicht der Werth der Posse, der die Theilnahme des Publikums dafür so lebhaft erregte; es war lediglich jene ruchtbar gewordene Verhinderung einer angekündigten Darstellung, deren Inhalt in keiner Hinsicht beleidigend oder anstößig war; es ist vielleicht nöthig, diese Anmerkung zu machen, damit die Auswärtigen sich nicht einbilden lassen mögen, als wäre es dem Publikum von Berlin nur um eine schlechte Comödie mehr zu thun gewesen. Der innere Werth derselben hätte viel geringer seyn können als er wirklich ist, und jeder Unbefangene würde dennoch das ausdrückliche laute und wiederholte Verlangen nach der Vorstellung, als sehr löblich billigen müssen; was würde ein solcher Vorfall in England für einen ganz andern Skandal erregt haben!

haben sie sich, sagt Luther vortrefflich[59]), Abrahams gerühmt, nicht um seines, sondern um ihrer Ehre willen; also verstockt sind sie, daß sie sich in der höchsten Schande noch dazu dürfen rühmen. Hiezu kömmt die Hoffnung, daß sie alles, was sie hier dulden und leiden müssen, im künftigen Leben doppelt rächen werden; Salomon Maimon erzählt[60]), daß einst in dem schmutzigen Kruge, den sein Vater gepachtet hatte, eine polnische Fürstin, die von allem Glanz der Schönheit und des Reichthums umstrahlt war, anhielt; er war über diesen Anblick ganz in Erstaunen verloren, da der Vater ihm in's Ohr raunte: still, in jenem Leben wird die uns den Ofen heitzen! Wenn die Juden in der Barbarei von den übermüthigen Muhamedanern geneckt und beleidigt werden, trösten sie sich unter einander mit Vorschlägen, wie sie ihnen in Zukunft vergelten, ihnen in's Gesicht spucken, sie schlagen und sonst mißhandeln wollen[61]).

3. Alle Arbeit erscheint den Juden als eine Strafe, und sie pflegten daher auch wohl den christlichen Bekehrern den Einwurf zu machen, warum die Christen doch noch arbeiten müßten, wenn Gott sich ihrer wirklich erbarmt habe. Der Ackerbau ist die eigentliche äußere Basis unsrer Staaten; die Juden werden sich nie daran gewöhnen, und es ist längst hinreichend erwiesen, daß sie, so lange das Ceremonialgesetz besteht, weder die Geschäfte, die derselbe erfordert, gehörig verrichten, noch alle Vortheile benutzen können: einer höhern Thätigkeit, die mit körperlicher Anstrengung verbunden ist, stellen die Vorschriften über das Gebet, die Reinigungen, die Feier der Feste, Bußübungen u. s. w. unzählige Hindernisse entgegen[62]). Der Ackerbau wird auch im Talmud für ein verächtliches Gewerbe erklärt; es ist

---

59) Luther war bekanntlich kein Freund der Juden, und äußert sich in seiner kräftigen Weise und nach der derben Art jener Zeit oft sehr bitter; die Juden versichern, daß er es nur deswegen gethan habe, weil sie ihm eine Geldanleihe verweigert hätten!! Moses Hirschel a. a. O. S. 158.

60) Leben 1, 33.

61) R. Semple second journey in Spain. Lond. 1812, pag. 244.

62) J. Rohrer, Bemerkungen auf einer Reise durch Ost- und Westgallizien, S. 172.

keine schlechtere Handthierung, heißt es, als der Feldbau: wer 12 Thaler zur Handlung anlegt, kann täglich Fleisch essen und Wein trinken; wer dasselbe Geld auf die Erde wendet, muß sich mit Salz und Kraut begnügen[63]. Ueberdies muß der talmudische Jude ein Geschäft fliehen, das er nicht betreiben kann, ohne sich oft und auf mannichfaltige Weise zu verunreinigen. Die Versuche, die man besonders im Oestreichischen und auch in Rußland gemacht hat, sie zu Ackerbauern zu bilden, sind insgesammt gescheitert[64]. Die Viehzucht wird vollends als ein verworfnes Geschäft betrachtet, und der Lebensart eines Räubers gleichgestellt. Endlich muß der Grundsatz, daß der Reichthum nicht vom Handwerk, sondern unmittelbar von dem, der den Reichthum hat, herrührt, einen höchst verderblichen Einfluß haben; er muß die Juden veranlassen, hauptsächlich solche Gewerbe und Geschäfte vorzuziehn, wo Gott sie am schnellsten und leichtesten bereichern kann, und sie müssen in der Vermehrung ihres Vermögens durch Handel, Wucher u. dgl.

---

63) Eisenmenger II, 992.

64) Man s. Rohrer über d. j. B. d. O. M. S. 59. Mich hat ein aufmerksamer Beobachter, der jüngere Hr. von Engelhard aus Ehstland, versichert, daß der Versuch, polnische Juden unweit Nikolajew anzusiedeln und zu Ackerbauern zu machen, gänzlich mißlungen sey; ihnen wurden ganz auf den Fuß der deutschen Colonisten Aecker, Geräthe, Häuser u. s. w. gegeben, und sie waren der Aufsicht eines Comptoirs untergeordnet, allein alle Bemühungen waren fruchtlos; viele haben ihre Wohnungen verlassen, die meisten ihr Ackergeräth verkauft, und die wenigen übriggebliebenen schachern; das Land wird von Russen bearbeitet. Ein dort ansässiger Beamter versicherte den Reisenden, daß sie, als ihnen bei ihrer Ankunft angezeigt ward, man würde ihnen Vieh, Saaten und Werkzeuge liefern, baten, man möge ihnen doch lieber den Betrag baar auszahlen, weil sie durch Handel schon mehr profitiren würden. Das Dorf Dschujudfa Kale, unweit von Baktschirsaraj in der Krimm, wird von Karaiten bewohnt, die sich überall durch Redlichkeit, durch ein reinliches Aeußere u. s. w. vor den rabbanitischen Juden vortheilhaft auszeichnen; allein auch diese haben ihre Ländereien an die Tataren verpachtet, während sie selbst nur Handel und Handwerke treiben.

einen neuen und unmittelbaren Beweis von der Vorsorge Gottes für sein auserwähltes Volk seyn. Es ist ihnen ausdrücklich erlaubt, von Fremden zu wuchern! Selbst ihr geistreichster und ausgezeichnetster Lehrer, Moses Maimonides, giebt in seinem Sepher Mischpotim oder dem Buch von den Rechten die Erläuterung: Leute von anderer Religion soll man fleißig mahnen, denn es ist ein verdienstvolles Werk, dieselben zu schinden und zu plagen, nach dem Befehl der Schrift: den Fremden sollst du drängen [65]. Ueberdies ist es auch sehr verzeihlich, daß die Juden ihr bisheriges Gewerbe, den Handel, allen andern Geschäften vorziehn; denn auf keinem andern Wege können sie hoffen, ein so schnelles Glück zu machen; welche Ermunterung muß nicht für sie das Vorbild so vieler armer Volksgenossen seyn, die mit einigen Ellen Band oder alten Lumren ihre Laufbahn anfingen und in kurzer Frist zu Besitzern von Millionen wurden, und selbst unter den Christen durch ihren Reichthum sich Einfluß und Ansehn verschaffen konnten?

Nach diesen allgemeinen Betrachtungen und Erörterungen kann über die Beantwortung der Frage: was können die Juden fordern, und was ist man us menschlichen Rücksichten ihnen schuldig? schwerlich in Zweifel mehr übrig seyn. Jedes Volk, das sich in seiner Eigenthümlichkeit und Würde zu behaupten und zu entwickeln wünscht, muß alle fremdartigen Theile, die es nicht innig und ganz in sich aufnehmen kann, zu entfernen und auszuscheiden suchen, dies ist der Fall mit den Juden; es wäre besser gewesen, sie hätten sich nicht unter uns angesiedelt, man hätte ihrer Einwanderung und ihrer Vermehrung kräftiger und nachdrücklicher zu wehren gesucht. Jetzt würde es allerdings grausam seyn, wenn man sie ganz und gar vertreiben oder mit Gewalt unterdrücken wollte; daher bleibt nur ein dreifaches Streben übrig: 1. die Festsetzung eines bestimmten Verhältnisses, worin die Juden zu den Deutschen stehn sollen, 2. die Verhütung ihrer Vermehrung durch äußere Einwanderung; 3. die möglichste Erleichterung und Beförderung des Uebertritts zum Christenthum als der ersten und unumgänglichen Bedingung, wodurch sie zu Deutschen werden können.

---

65) Der Jude. Bd. 8, S. 221.

Die Juden können zu Deutschland in keiner andern Beziehung gedacht werden, als in der eines geduldeten Volks; sie werden als Schirm- und Schutzgenossen angesehn, und die Forderung, ihnen gleiches Bürgerrecht zu ertheilen, würde in frühern Zeiten geradezu als entschiedener Unsinn erschienen seyn; sie sind Metoiken, die zu der eigentlichen Kraft des Volks nichts beitragen; man muß sie zunächst nur unschädlich zu machen suchen, daher würde ein allgemeines bestimmtes Gesetz über die Juden und ihre Verhältnisse zu erlassen seyn, das die Gränzen ihrer Wirksamkeit genau bezeichnete; vor Allem muß festgesetzt werden, daß ihnen in keinem einzelnen Staat Vorrechte oder Gerechtsame bewilligt werden, die den deutschen Einwohnern oder andern Deutschen nachtheilig werden können; Orte und Städte, die das Recht hatten, daß keine Juden in ihnen geduldet werden, müssen von Rechtswegen dabei geschützt und behauptet werden. Es muß ihnen erlaubt seyn, sich auf eine rechtliche Weise auch durch Handel zu ernähren, nur muß dieser einer besonders strengen Vorschrift unterworfen werden, und man muß suchen, durch ein bestimmtes Gesetz allen Mißbräuchen, so viel auf diesem Wege möglich ist, vorzubeugen; man muß ihnen niemals Monopolien, nie Münzgeschäfte, nie Pachtungen von Staatseinkünften u. dgl. übertragen; es muß ein Jude nur dann Landgüter erwerben können, wenn er selbst sie bearbeiten will; besonders muß nie ein Jude herrschaftliche oder Patronatrechte über Deutsche erlangen können. Wenn auf diese Weise das Interesse der Deutschen zunächst berücksichtigt ist, kann man sie sich selbst überlassen; es kann ihnen verstattet bleiben, Juden zu seyn; es kann ihnen ein eignes Zeichen, eine Volksschleife, bestimmt werden, wodurch sie sich unterscheiden; sie können sich in ihren Streitigkeiten untereinander eigener Richter nach ihren Gesetzen bedienen; in Fällen aber, wo sie mit Deutschen in Händel verwickelt werden, entscheidet der christliche Richter, natürlich nach den allgemeinen Rechten, und allenfalls mit Rücksicht auf das vorgeschlagene Judengesetz. Wollen Juden sich auf Gewerbe anderer Art als den Handel legen, so muß es ihnen verstattet werden; doch versteht es sich, daß, wo noch Zünfte bestehn, die als eine wesentliche Bedingung der deutschen städtischen Verfassung erhalten und hergestellt werden müssen, diese nicht gezwungen werden können, Juden aufzunehmen. Wenn man ernstlich gewollt hätte, würde es sehr leicht geworden seyn, jüdische Handwerker zu erziehn; wie leicht können die reichen Juden diejenigen Knaben aus ihrer Mitte, die Neigung dazu haben, von geschickten Meistern oder Gesellen unterrichten lassen; sobald erst eine kleine Anzahl vorhanden ist, wird diese neue Zöglinge anziehn; die ersten werden bei ihren Volksgenossen Verdienst finden, und wenn sie geschickt, redlich und thätig sind, so wird es ihnen an christlichen Kunden nicht fehlen.

In Hinsicht der Abgaben müssen die Juden zuerst den Christen völlig gleich gestellt werden und dasselbe leisten, was diesen obliegt; überdies ist es aber billig, daß sie auch noch ein besonderes Schutzgeld (μετοίκιον) bezahlen; von vielen persönlichen Leistungen sollen und müssen sie ausgeschlossen bleiben, die nämlich für das Beschwerliche ihre Belohnung in der Ehre haben, und wohin die Vertheidigung, die Verwaltung von Gemeindeämtern u. dgl. gehört. Sie müssen überdies erkennen, daß ihr Aufenthalt unter den Deutschen eine Vergünstigung sey. Es scheint überhaupt nicht, daß die besonderen Schutzgelder je sehr drückend gewesen sind[66]); übrigens muß man sich hierbei erinnern, daß die Gewerbe der Juden von der Art sind, daß sich durchaus keine Berechnung über den Gewinn, den sie abwerfen, anstellen läßt, daß die Juden zum Theil ihr Vermögen verheimlichen, und tausend Entschuldigungsgründe zu finden wissen, um minder genaue Angaben vor ihren Gewissen zu rechtfertigen. Abgaben, die etwas Schimpfliches mit sich führen, wie z. B. die Leibzölle u. dgl., verdienen abgeschafft zu werden. Da nach unserer Ansicht das Verhältniß festgestellt werden muß, worin die Juden zu den Deutschen stehn sollen, so muß es ein allgemeines seyn, das überall in allen deutschen Ländern seine Anwendung findet; es könnte daher auch die besondere Judensteuer, wie sie ehemals dem Kaiser zufloß, zu den all-

---

66) Nach den Daten, die ich darüber habe sammeln können, die jedoch noch sehr unvollständig sind. Ich sammle zu einer Statistik der Juden in Deutschland; meine Freunde und andere Gönner würden mich durch Mittheilung von Beiträgen sehr verpflichten.

gemeinen Bedürfnissen und Ausgaben des deutschen Vereins bestimmt werden.

Da es ein allgemeiner Wunsch seyn muß, daß die Juden endlich ganz aufhören, als Volk unter den Deutschen zu bestehn, so muß das Gesetz verbieten, daß durchaus kein fremder, außerhalb Deutschland gebohrner Jude sich daselbst niederlasse; es muß daher eine allgemeine Matrikel aufgenommen werden von allen seit einem Normaljahr (wozu vielleicht das Jahr 1806 zu wählen wäre) in Deutschland vorhandenen Juden; so wie Friedrich der Große, dessen bewunderns würdige Weisheit alle öffentlichen und bürgerlichen Verhältnisse bis auf ihren tiefsten Grund durchschaute, und dessen Gesetzgebung über die Juden ein Muster für alle Zeiten genannt zu werden verdient, das Jahr 1750 für seine Staaten festsetzte; diese Zahl muß als das Maximum stehen bleiben, und nur durch eigne Fortpflanzung, nie durch Einwanderung und Ansiedelung, sich vermehren können; es muß keine Rücksicht auf Vermögen, keine Vorspiegelung von nützlichen Einrichtungen, z. B. Fabriken, Lotto's u. dgl. eine Ausnahme von dem Grundgesetz bewirken.

Wichtig endlich ist es, den Juden den Uebertritt zum Christenthum zu erleichtern; hier ist offenbar von den Christen zu wenig geschehn, und das ist der Punkt, wo wir uns die größten und verdientesten Vorwürfe machen können; obgleich auf mehrern Concilien, z. B. noch zu Basel, sehr richtige und wahrhaft apostolische Grundsätze darüber aufgestellt sind; es ist ausdrücklich verordnet, den armen Proselyten einen Theil der zu frommen Zwecken bestimmten Stiftungen und Spenden zufließen zu lassen, und ihnen alle Privilegien zu ertheilen, die an dem Ort des Uebertritts nur irgend den Christen zukommen. Man ist unzufrieden mit den Juden, ihrem Charakter, ihrer Lebensweise gewesen; aber was hat man gethan, um sie zu Christen zu machen? Selbst die Proselyten hat man verachtet, man hat sie sogar getadelt, hat sie am Ende ihrem Schicksal überlassen. Welcher Widerspruch! unmenschlich ist es, den Juden einen Vorwurf zu machen, daß sie Juden sind; nur darin liegt ihre Schuld, daß sie es bleiben, selbst wenn sie Gelegenheit haben, von ihren Irrthümern und den Ursachen ihres traurigen Zustandes sich zu überzeugen. Die Juden verfolgten die Abtrünnigen bekanntlich mit dem grimmigsten Haß; sie behaupteten, es wären schlechte und verworfene Menschen, die nur aus Gewinnsucht ihren väterlichen Glauben verließen, und die Christen haben diesen Versicherungen zu übereilt geglaubt; sie haben selbst die getauften Juden mit einer Art Mißtrauen betrachtet. Man darf aber nur die Schriften der Judenbekehrer und des Kallenbergschen Instituts mit Aufmerksamkeit durchlesen, um zu sehen, daß bei weitem die meisten Uebergetretnen durch eine innere Anregung und Ueberzeugung das Judenthum verlassen haben. Ich berufe mich hierbei auf so viele fromme und würdige Männer, die das Christenthum angenommen, die ihm selbst als Lehrer gedient haben. Das Kallenbergsche jüdische Institut war eine löbliche und ächt christliche Anstalt, die, wenn sie sich nach den Fortschritten der Zeit fortgebildet und geläutert hätte, unendlich nützlich hätte werden können. In England ist neuerlich eine ähnliche Einrichtung gegründet worden; sie führt den Namen: die Londner Gesellschaft zur Beförderung des Christenthums unter den Juden, und viele thätige und eifrige Mitglieder haben sich zu diesem Zweck vereinigt. Sie ist von einem gebohrnen Juden aus Franken J. S. C. F. Frei veranlaßt, der in das Missionsinstitut zu Berlin im J. 1800 eintrat. Im folgenden Jahre kam er nach London, um nach Afrika zu gehn. Da er sich sehr geneigt fühlte, an der Bekehrung seiner Brüder zu arbeiten, so beschloß die Missionsgesellschaft, ihn in diesem Versuch zu unterstützen; er blieb verschiedene Jahre in Verbindung mit derselben, bis sich ein Verein bildete, der sich ganz der Bekehrung des jüdischen Volks widmete. Es ward eine eigne Kirche unter dem Namen der Judenkapelle eingerichtet, wo Frei und verschiedene dissentirende Geistliche den Gottesdienst halten, und im J. 1813 hat der Herzog von Kent den Grundstein zu einer Episcopalkirche zur Bekehrung der Juden gelegt; mit derselben ist eine Schulanstalt für jüdische Kinder verbunden, von denen jetzt eine große Anzahl unter der Obhut der Gesellschaft steht. Sie hat großen Beifall gefunden, und ihre Einkünfte vermehren sich schnell. „Vielleicht, heißt es in dem Aufsatz, woraus diese Nachricht entlehnt ist[67]), läßt sich bei dem jetzigen

67) Missionary register for May 1813, pag. 182.

Geschlecht der erwachsnen Juden kein großer Erfolg hoffen; aber werden ihre Arbeiten mit Weisheit und Erfolg geleitet, so wird die Verbindung ohne Zweifel ein wichtiges Werkzeug werden, um den verlornen Stamm Israels zu erwecken und zurück zu führen." Eine neue Bekehrungsanstalt für die Juden, die sich höherer Unterstützung erfreute, würde äußerst wünschenswerth seyn, um ihren allmähligen Uebergang zu erleichtern und vorzubereiten; die Proselyten müßten in den Stand gesetzt werden, sich ihren Unterhalt zu erwerben; und es versteht sich, daß ihnen jeder Vorzug, worauf sie durch Verdienst und Geschicklichkeit Anspruch machen können, zu Theil werden muß, daß die Christen sie mit Liebe aufnehmen und sie auch zu ihrem äußern Fortkommen unterstützen müssen. Es läßt sich erwarten, daß die Juden bei einer kräftig ausgesprochenen und im Leben behaupteten Verschiedenheit zwischen Deutschen und ihnen auf der einen, und einer milden Behandlung auf der andern Seite, immer allgemeiner übertreten, und besonders die Reicheren wenigstens ihre Kinder im Christenthum unterrichten lassen werden.

Die allgemeinen Rechte und Pflichten eines Individuums, die aus dem Begriff desselben herfließen, lassen sich auf fünf Hauptmomente zurückführen:

1. Das Recht, sich alle Vorzüge zuzueignen, die einem gegebenen Volk zukommen, die durch die Gesammtheit erworben sind, und worauf der Einzelne Anspruch macht, unter der nothwendigen Verpflichtung, seines Volks würdig zu leben und zu wirken.

2. Der Zugang zu allen Ehren und Würden, die in einem Volk dem Verdienst offen stehen: die Verwaltung öffentlicher Aemter, wozu ein Fremder nur erst fähig wird durch die feierliche Einbürgerung von Seiten der Regierung, und unter bestimmten Modificationen; und nur unter der Bedingung, daß er sich dem Volk, worunter er aufgenommen wird, ganz und gar anschließe.

3. Die Theilnahme an der Volksgegenwärtigung, wenn es verfassungsmäßig dazu berufen und berechtigt wird.

4. Die Pflicht, als Glied einer einzelnen Gemeinde gewisse öffentliche Geschäfte zu übernehmen und zu verwalten.

5. Die Pflicht der Vertheidigung. Man hat einen Haupteinwand gegen die Duldung der Juden aus ihrer Ab-

neigung gegen den Kriegsstand hergenommen, der auch allerdings mit ihrem Ceremonialgesetz nicht verträglich ist, und wozu sie überdies wegen ihrer schwachern physischen Constitution nicht geeignet sind; im Oestreichschen werden die meisten zum Militärdienst ausgehobnen Juden wieder entlassen, weil sie im Ganzen nur den Spitälern anheim fallen[68]. Aber noch aus höhern Rücksichten müssen sie von der Vertheidigung des Vaterlandes ausgeschlossen werden, und es ist daher ein neuer Grund, um ihre Verminderung und Ausrottung zu wünschen. Das Kriegsheer der Deutschen soll den Kern und die Blüthe des Volks enthalten; es soll die edelsten Kräfte in sich vereinigen, und muß mithin durchaus volkmäßig seyn; es können daher nur Deutsche darin aufgenommen werden, weil gerade in ihm die Volkseinheit sich am kräftigsten darstellen muß: nur Deutsche dürfen neben Deutschen fechten; es muß eine Ehre seyn, das Schwert zu tragen, die nur dem Volksgenossen zukommen kann, und daher ist es billig, daß die Juden keinen Theil daran haben; den Vorzug, daß sie der Gefahr nicht ausgesetzt sind, daß sie ruhig ihren Handel treiben, mag man ihnen gönnen.

Um allen Mißverständnissen und Mißdeutungen vorzubeugen, erlaubt es sich der Verfasser, die Summe seiner ganzen Ansicht in folgende Sätze bestimmt zusammen zu fassen:

1. So lange die Juden Juden bleiben wollen, erklären sie sich für eine besondere und abgesonderte Nation; sie erklaren, daß sie sich nicht mit dem Volk, unter welchem sie leben, zu einem Ganzen verschmelzen wollen.

2. Völker von verschiedener Abstammung und Sprache können zwar ihre Eigenthümlichkeit behaupten, und doch durch die Idee des Herrschers oder der Verfassung zusammenfallen und eins werden; dann aber müssen sie sich einmal in einer bestimmten äußern Begränzung als ein zusammenhangendes Volk darstellen, und es müssen zwischen ihnen nicht solche Gegensätze Statt finden, wodurch die Wirksamkeit einer solchen verbindenden Idee unmöglich gemacht und aufgehoben wird.

---

68) Rohrer, über die jüdischen Bewohner der Oestreich. Monarchie. S. 26.

3. Ein solcher Gegensatz findet zwischen Juden und Deutschen Statt; die Erhaltung ihrer Volkseigenthümlichkeit ist an ihre Religion gebunden, die zugleich eine trennende politische Tendenz hat.

4. wahrhaft sittliche Leben, dessen Beförderung der letzte Zweck aller Staaten seyn soll, kann unter den christlichen Völkern nur ein christliches seyn; mithin sind auch die Staaten, worin sie zerfallen, christliche. Der größte Theil unsrer bürgerlichen Rechte und Verpflichtungen fällt unmittelbar mit unserm Glauben zusammen, und es ist von der wahren Aufklärung zu erwarten, daß sie immer genauer wieder mit demselben in Verbindung gesetzt werden. Wir verpflichten uns durch dieselbe Versicherung, „so wahr uns Gott helfe und sein Evangelium," uns ist das Kreuz das Symbol zur höchsten Aufopferung und zur freudigsten Hoffnung; wir können auf dieselbe Weise mit allen Christen alle große und bedeutende Ereignisse des Lebens, der Lust wie der Trauer, würdig und von Herzen feiern. Dies sind die engsten und geheimsten Bande, die die Christen vereinigen sollen, und woran sie als Brüder einander erkennen.

5. Die Gerechtigkeit der Christen gegen sich selbst erfordert, den Gliedern eines fremden Volks, das sich unter ihnen als solches behaupten will, die Rechte zu versagen, deren sie zum Theil nur durch das Christenthum genießen; die Juden würden offenbar einerseits alle eigenthümlichen Vortheile, die sie als solche haben können, benutzen und überall auch die Rechte der Christen und Deutschen geltend machen; und bei der unausbleiblichen Collision der Pflichten würden sie bald als Juden, bald als Theilnehmer christlicher und deutscher Rechte eine Entschuldigung haben.

6. Das Verhältniß, worin die Juden als geduldetes Volk zu den Christen stehen sollen, muß bestimmt festgesetzt und ausgesprochen werden; es muß alles geschehen, um sie auf dem Wege der Milde zum Christenthum und dadurch zur wirklichen Aneignung der deutschen Volkseigenthümlichkeit zu veranlassen, um auf diese Art den Untergang des jüdischen Volks mit der Zeit zu bewirken. Besonders kann ihnen ein größerer Kreis der Gewerbsamkeit eröffnet werden, insoweit es verträglich ist mit der Rücksicht auf die Rechte des deutschen Volks und der christlichen Einwohner.

Zum Schluß erlaubt sich der Verf. noch eine Bemerkung über den Widerwillen, den die Juden seit einiger Zeit gegen den Namen beweisen; sie wollen zwar Juden seyn, aber nicht so heißen; ein Schriftsteller aus ihrer Mitte behauptet sogar, der Name habe ihnen geschadet. Er ist in dieser Abhandlung blos als Volksname gebraucht, und als solchem kommt ihm kein nachtheiliger oder verächtlicher Nebenbegriff zu; die Ableitungen, die fast in ganz Europa davon gemacht werden, müssen nothwendig einen Grund haben in der bisherigen Lebensweise oder in dem Charakter des Volks, der sich in so auffallenden Zügen darstellen mußte, daß sie Veranlassung zu allgemeinen Ausdrücken gaben; wäre es möglich, ein andres Wort, Israelit, Hebräer, jüdischer Glaubensgenosse oder was man sonst will, in die Sprache einzuführen, so würde das gewöhnliche Leben, falls bei den so benannten Individuen sich dieselben Eigenthümlichkeiten zeigten, recht bald auch von diesen Namen bezeichnende Ausdrücke entlehnen. Die Benennung Colonie ist gar nicht passend; eine Colonie setzt einen Mutterstaat oder wenigstens eine bestimmte Gründung voraus. Was aber soll man vollends zu dem Ausdruck der Unterthanen von der mosaischen Confession sagen, den wir sogar in öffentlichen Verordnungen gelesen zu haben uns erinnern?

A n h a n g.

I. Uebersicht der Begünstigungen und Vorrechte der Juden in Spanien.

II. Ueber den Einfluß der den Juden in Spanien im Mittelalter bewilligten Vorrechte auf die Staatsverfassung und das öffentliche Wohl. Aus dem Dänischen des Herrn Etatsraths und Ritters Moldenhawer.

I.

Uebersicht der Begünstigungen und Vorrechte der Juden in Spanien.

Herr Etatsrath Moldenhawer in Kopenhagen, dessen schätzbare Abhandlung über den Einfluß der Juden auf Spanien diesem Aufsatz beygefügt ist, hat auch eine Darstellung der denselben bewilligten Gerechtsame geschrieben, die in den Abhandlungen der Kopenhagner Akademie der Wissenschaften abgedruckt ist: es war mir unmöglich das Original schnell genug zu erhalten, um es noch bei dieser Gelegenheit zu benutzen. Folgender Auszug aus einem in Deutschland gewiß wenig bekannten spanischen Aufsatz kann diesen Mangel einigermaßen ersetzen: er steht unter dem Titel: **Discurso sobre el estado de los Judios en España** als Anhang hinter: **El ordenamiento de leyes que D. Alfonso XI. hizo en las cortes de Alcalá de Henares el año 1346. Publicanto-los doctores D. Ignacio Jordan de Asso y del Rio y D. Miguel de Manuel y Rodrigues, Madrid 1774. Fol.** S. 143 – 158. Die Abhandlung ist sehr gründlich und gelehrt und mit allen erforderlichen Belägen versehn: zu meinem Zweck wird es hinreichend seyn, die Resultate in einem gedrängten Auszuge zu geben.

Die Juden waren früh in Spanien und hatten sich sehr vermehrt: die Fehler, die sie in der ganzen Christenheit verhaßt machten, waren auch Ursache, daß die Concilien und die Reichstage zur Zeit der Gothen sehr nachdrückliche Vorkehrungen gegen sie ergriffen. Diese Reihe von

Verordnungen hat den löblichen Zweck, jede Verbindung zwischen Juden und Christen abzuschneiden: in derselben Absicht ist befohlen, daß die Juden in abgesonderten Quartieren, mit einer Mauer umgeben, leben sollten, die man unter dem Namen Judenstadt kennt; doch scheint es, daß man diese Trennung nicht in kleinen Gemeinen beobachten konnte.

Die Juden würden glücklicher gewesen und weniger verfolgt worden seyn, wenn sie sich mit dem Handel, der ihr Hauptgewerbe war, begnügt, keinen Theil an den Unruhen des Reichs genommen und sich aller Practiken enthalten hätten, die dem Wohl und der Ruhe des Reichs gefährlich waren. Deswegen war man oft im Begriff, sie ganz aus dem Lande zu vertreiben, doch wußten sie sich zu behaupten: es ist nicht unwahrscheinlich, daß sie an dem Einfall und dem Sieg der Araber nicht wenigen Antheil haben. Die Herrschaft der Araber war die eigentliche Veranlassung, weswegen die Juden so mächtig empor kamen: die Spanier hatten kein andres Ziel, als die Wiedererlangung ihrer Freiheit; die Juden legten sich unterdessen auf die Wissenschaften und auf den Handel, sie erlangten große Einsichten in demselben und besonders als geschickte Rechenmeister wurden sie bald für die königlichen Finanzen unentbehrlich, so verächtlich sie in den Augen der Spanier ihres Glaubens wegen auch waren. Sie waren in der Regel Aerzte, Apotheker, Schatzmeister und Haushofmeister an dem königlichen Hofe und bei den Großen, und hatten Gelegenheit sich die höchste Gunst und großes Vertrauen zu erwerben. Schon im Jahr 1367 stellten die Stände von Burgos dem Könige vor, daß die Uebel, von denen das Land bei den bürgerlichen Unruhen heimgesucht werde, durch die Rathschläge der Juden entstünden, und baten, daß in Zukunft alle jüdische Beamte möchten entfernt werden: doch hatten diese und ähnliche Vorstellungen keinen Erfolg. Die Verwaltung der königlichen Einkünfte war ganz in ihren Händen und sie verrichteten oder verwalteten sie; oft wurden sie über den schreiendsten Unterschleifen ertrappt. Aber doch wurden sie beständig gebraucht: sie erhielten sogar allerlei Vorrechte und Belohnungen: der Arzt des Königs Alfonso XI war zugleich Zollpachter und Münzdirector. Die Erpressungen und Plakkereien, die sie sich erlaubten, erregten einen allgemeinen Unwillen: viele Einwohner mußten ihre Heimath verlassen:

laut und rührend waren die Klagen, die von allen Seiten ertönten. Den Gipfel ihrer Macht und ihres Einflusses erreichten sie unter dem Sohn Alfonso's Pedro, bei dem der Jude Samuel Levi vertrauter Minister und allesvermögender Günstling war: es findet sich ein altes Gedicht aus dem Ende des 14ten Jahrhunderts, worin die Noth des Volks und der Einfluß des D. Abram und D. Samuel, die mit ihren honigsüßen Worten den König beschwatzten, naiv und rührend dargestellt sind.

Seit dem Jahr 1412 nimmt ihr Ansehn allmählig ab und es war verboten, daß sie in Zukunft die Verwaltung der königlichen Einkünfte übernehmen oder irgend ein öffentliches Amt bekleiden könnten: sie sollten, um auf den ersten Anblick erkannt zu werden, eine besondre Kleidung tragen. Es kam zu einem förmlichen Streit: es schrieb gegen sie der Licenziat D. Marcos Rodriguez: die Juden vertheidigten sich in einer Schrift, die sie dem Könige überreichten: sie erwähnten der vielen Juden, die in verschiednen Stellen und hohen Ehrenämtern dem Könige gedient, und behaupteten mit den vornehmsten Geschlechtern Castiliens von gleicher Abkunft zu seyn: denn weil sie die mächtigsten des Reichs wären vermittelst ihres Vermögens, ihrer Capitale und des Schutzes am Hofe, konnte es nicht auffallend seyn, daß viele ausgezeichnete Häuser sich mit ihnen zu verbinden suchten [1]). Hieraus war eine solche Mischung entstanden, daß um sie in der Folge zu unterscheiden das Gesetz der Reinheit gegeben ward; dessen Haupturheber der Erzbischof Siliceo war, und das hernach alle Kirchen und Gemeinden in Spanien annahmen. Es fanden sich verschiedne Vertheidiger der Juden selbst noch späterhin.

Die Juden hatten während der Zeit eine Menge von Begünstigungen erhalten, dergleichen sie in keinem andern Lande genossen haben. Erstens: Sie standen unmittelbar unter dem Schutz der Könige und der Bischöffe, die sie bei allen Gele-

1) Y aum ntaban hallarse entroncados con las principales casas de la Castilla; porque siendo los mas poderos del reyno por sus haciendas, caudales y proteccion en la corte, no seria estraño, que muchas familias disstinguidas solicitaron enlazarse con ellos. Ich habe die Stelle doch richtig gefaßt?

genheiten vertheidigten und gegen die Beleidigungen schützten, die sie von dem Volk und den Soldaten zu erdulden pflegten. Es ist nicht zu verwundern, daß sie als Mitglieder des Reichs und zur Erkenntlichkeit für den königlichen Schutz einige Abgaben zu den öffentlichen Bedürfnissen entrichten mußten: die Steuer, die alle Judengemeinden (Aljamas) entrichten mußten, ist unter dem Namen Judenzoll bekannt: sie betrug 30 Goldpfennige (dineros de oro [2]) für den Kopf, und die Könige entsagten sich derselben zum Vortheil für gewisse Kirchen. In Arragonien zahlten sie mit den meisten gewöhnlichen Abgaben die sogenannte Cena, die dem Yantar in Castilien gleichkommt, (eine Abgabe zum Unterhalt des Königs). Es gab noch eine andre außerordentliche Abgabe, die die Juden den königlichen Kammerherren (Monteros de Espinosa) bezahlten, weil sie sie in Schutz nahmen, wenn die Könige sich zum ersten Mal in einem Orte befanden, wo sie angesiedelt waren. Diese Abgabe bestand ältestens in 12 Maradevis für jede Tora: nachher ward sie auf 4 Silberrealen festgesetzt.

Das zweite Vorrecht, wodurch die Juden sich auszeichneten, war, daß jeder bürgerliche oder peinliche Rechtsfall, der unter ihnen sich ereignete, nach ihren besondern Gesetzen entschieden ward; der Ausspruch war ihren Vorstehern und Rabbinern überlassen: so daß die Appellation von dem Vorsteher an den Rabbiner und von diesem an den König ging: in Criminalfällen konnte der König jedoch eine Untersuchung befehlen, und seine Richter vereinigten sich zu diesem Behuf mit den jüdischen. Es soll ein vom Talmud verschiednes Gesetzbuch vorhanden gewesen sein, worüber jedoch nichts näheres bekannt ist: es ist zweifelhaft, ob er für Toledo und Sevilla, die beiden wichtigsten Judengemeinden in Spanien, allein, oder für ganz Castilien bestimmt war; einige wollen Alfonso VI. für ihren eigentlichen Gesetzgeber halten, der den Mozaraben, Franken und Castellanern Gesetze ertheilte [3]). Im Reiche Leon war der besondre Gerichtsstand

2) Es fehlt mir an Zeit den Werth dieser Abgabe auszumitteln.

3) Ueber diesen wichtigen Gegenstand wäre eine nähere Aufklärung höchst wünschenswerth: im Ganzen scheint es sehr unwahrscheinlich: sollte diese Gesetzgebung nicht vielleicht die Erklärung des Moses Maimonides gewesen sein?

der Juden schon früh aufgehoben. Im Laufe der Zeit mißbrauchten sie dieses Vorrecht so, daß sie wagten Christen vor ihre eigne Richter zu berufen: hiegegen wurden oft Verordnungen erlassen.

Das dritte Vorrecht war die Befugniß, Grundstücke in den Reichen von Castilien erwerben zu können; Don Sancho IV. verbot 1293, daß sie von den Christen auf keine Weise Güter erwerben sollten, weil dadurch die Einkünfte vermindert würden: und sie sollten binnen einem Jahre alle ihre Besitzungen verkaufen [4]). Diese Verordnung ward jedoch entweder nicht beobachtet oder aufgehoben: sie scheinen das Recht vielmehr bis zu ihrer gänzlichen Vertreibung genossen zu haben.

Das vierte Vorrecht, das sie den Edelleuten gleich stellte, war, daß sie Schulden halber nicht verhaftet werden konnten, außer für Rückstände an die Krone.

Vermöge des fünften reichte der Eid des Juden hin, um bei den Forderungen, die sie an die Christen machten, die Größe der Schuld zu beweisen: was zu außerordentlichen Uebervortheilungen Veranlassung gab. Von derselben Art war die Befugniß, daß wenn bewiesen war, eine bei ihnen verpfändete Sache sei gestohlen, sie nicht nöthig hatten, denjenigen, von dem sie dieselbe erhalten hatten, anzuzeigen. Beim Beweise über Contracte und Verschreibungen war ihnen das Zeugniß der Christen ohne Concurrenz eines Juden in keiner Hinsicht nachtheilig.

Die Juden waren im Besitz aller Baarschaften; die Christen waren daher gezwungen, zu ihnen ihre Zuflucht zu nehmen: aber der Wucher, den sie bei dieser Gelegenheit ausübten, war so ungeheuer und entsetzlich, daß endlich ein allgemeines Jammergeschrei darüber entstand: ja das Volk nahm sogar oft eine furchtbare Rache an seinen unbarmherzigen Blutsaugern und Peinigern. Freilich wurden mancherlei Gesetze gegeben, um diesem Unheil zu steuern, allein die Juden waren unerschöpflich an Ausflüchten und Ränken, um die Vorschriften zu umgehn und dessen ungeachtet ihre Habsucht auf Kosten der Christen zu befriedigen: sie erdichteten

4) Vermuthlich gaben sie außer der Judensteuer weiter keine Abgaben dafür.

in den Verträgen Verkäufe von Tüchern und andern Waaren, und setzten den Werth derselben dreifach so hoch an als er wirklich war.

Der Geiz der Juden, ihr Haß und ihre Treulosigkeit gegen die Christen und die Strenge, womit sie dieselben behandelten, waren die Ursachen, die sie ganz oder zum Theil um ihre Privilegien brachten und endlich ihr Verderben herbeiführten. In den letzten Zeiten wurden sie oft gemißhandelt, besonders vergalt ihnen der Königl. Einnehmer Villacis, was sie früher gegen die Christen gesündigt hatten: es entstand daher das Sprichwort:

Jude mit der Nase groß
Zahl' an Villacis den Schoß:
Zahl' an Villacis den Schoß
Jude mit der Nase groß [5]).

Endlich wurden sie 1492 vertrieben: ihre Zahl ward von Einigen auf 400000 angesetzt, was keineswegs übertrieben scheint.

---

5) Judio de larga nariz, paga la farda a Villacis, Paga la farda a Villacis, Judio de larga Nariz. Eine lange Nase wird im ganzen Mittelalter als characteristisches Zeichen der Juden betrachtet.

II.

Ueber den Einfluß der den Juden in Spanien im Mittelalter bewilligten Vorrechte auf die Staatsverfassung und das öffentliche Wohl.

Aus dem Dänischen des Herrn Etatsraths und Ritters Moldenhawer [1]).

In keinem christlichen Reiche hat die jüdische Nation seit ihrer Zerstreuung so ausgezeichnete Begünstigungen genossen, als in Spaniens fruchtbarsten Provinzen: sie wurden bis zu einer Höhe gesteigert, die ihnen in allen andern Ländern, selbst Polen und Gallizien nicht ausgenommen, unerreichbar blieb: einer Höhe, die selbst die gedankenlosesten Vertheidiger der bürgerlichen Rechte dieses Volks übertrieben finden mußten. Es ist die Absicht des Verfassers, den Einfluß, den sie auf die politische Verfassung des Landes und den Karakter der Einwohner hatte, zu zeigen und zugleich die Ursachen zu entwickeln, die die Vertreibung der Juden aus den spanischen Reichen zur Folge hatten.

Unter allen den verschiedenen Vortheilen, die Spanien ihnen anbot, war keins von größerer Wichtigkeit, als das ihnen durch die Landesgesetze bewilligte Recht, liegende Gründe zu besitzen und sich als Gutsbesitzer niederzulassen: obgleich sie bereits durch unbesonnenen Mißbrauch ein wichtiges Vorrecht

1) Das Original steht in det skandinaviske Litteraturselskabsskrifter, 1806, tredje Quartal, S. 122.

nach dem andern eingebüßt hatten, hatten sie doch dieses behalten; und sie blieben, ungeachtet verschiedner Einschränkungen, die die gesetzgebende Macht nach und nach nöthig gefunden hatte, bis zu ihrer endlichen Vertreibung in ungestörtem Besitz desselben. Allein kein Jude befaßte sich jemals mit der Bearbeitung dieser Güter: christliche Tagelöhner und maurische Sklaven besorgten den Anbau, ihren Händen war jede Arbeit überlassen, die körperliche Anstrengung erforderte. Handel in allen seinen mannichfaltigen Zweigen war das Geschäft, dem die Juden fast überall seit ihrer Zerstreuung ausschließend ihre Kräfte und Thätigkeit gewidmet hatten. Er allein war auch, wenn nicht der einzige, doch der vornehmste Erwerb für alle Juden in den spanischen Reichen. Die Wirkung war auch hier sichtbar dieselbe, die sich in allen Staaten als das unfehlbare Resultat ihrer Handelspolitik gezeigt hat. Selbst nicht geneigt zur Theilnahme an produktiver Nationalindustrie, schadeten sie derselben durch die Grundsätze, die sie in ihrem Handelsverkehr mit der producirenden Volksklasse befolgten. Ueberall, wo jenem bedenklichen Einfluß nicht durch passende Vorsichtsmaßregeln von Seiten des Staats vorgebeugt, oder seine schädlichen Folgen vermindert sind, hat die Erfahrung die Wahrheit bestätigt, daß die besten Säfte einem Lande allmälich dadurch entzogen wurden. Wie vielmehr mußte dies der Fall in einem Zeitalter sein, das mit aller gesunden Handelspolitik unbekannt war, und in einem Reich, wo nach verheerenden Stürmen kaum der erste Keim des Kunstfleißes und nützlicher Gewerbe empor sproßte.

In Spanien war ungefähr jeder neunte Mensch ein Jude, und sein Geschäft war Handel. Die ganze Denkkraft eines jeden war auf die möglichst vortheilhafte Betreibung und Erweiterung desselben gerichtet, und dahin strebte das Zusammenwirken Aller in einer innigen Verbindung, deren Festigkeit keine christliche Handelsgesellschaft bis jetzt zu erreichen vermochte. Der Geist, der die ganze jüdische Volksmasse belebte, die unerschütterliche Standhaftigkeit, womit sie ihren Lieblingsplan verfolgte, jeden Handelszweig in ein Monopol zu verwandeln, und eine Moral, die die Wahl der Mittel zur Erreichung jenes Zwecks so wenig einschränkte und die mannichfaltigen Kunstgriffe der Gewinnsucht rechtfertigte, setzten unter der Begünstigung äußerer Umstände die spanischen Juden in den Stand, die ganze Geldmasse des

Reichs an sich zu ziehn. Indem diese sich einmal in ihren Händen befand, waren Anleihen bei ihnen die einzige Zuflucht, die den Christen bei vorkommenden Verlegenheiten übrig blieb. Hier war nun die beste Gelegenheit, Wucher in allen seinen mannichfaltigen und abscheulichen Gestalten zu treiben. Der Eigennutz machte davon einen Gebrauch, wobei die Mäßigung vergessen ward, die selbst wo edle Gefühle schweigen, doch die Rücksicht auf die unausbleiblichen Folgen vorschreibt.

Auf den meisten spanischen Reichstagen des 13ten und 14ten Jahrhunderts erhoben die Prokuratoren der Städte beständig bittere Klagen über die Gewandtheit, womit die Juden sich zwischen Bürger und Bauern drängten, und beide unterdrückten: aber besonders über die Unbarmherzigkeit, womit sie durch ihre Wucherkünste Land und Volk verheerten. Die Bestimmung dieser Abhandlung verstattet nicht, die Beschwerden aufzurechnen, die bei den Cortes des Reichs vorgebracht wurden, oder die Reihe der dadurch veranlaßten gesetzlichen Verfügungen durchzugehn. Jene waren dieselben, die nach der Erfahrung aller Länder und Zeiten unter einem ähnlichen Verhältniß zwischen christlichen und jüdischen Einwohnern statt gefunden haben; die letzten hatten das Schicksal, nicht befolgt zu werden, mit allen Gesetzen gemein, die früher oder später gegen das Wucherunwesen gegeben wurden, weil sie dieselben Mängel hatten, und die Uebertretung so leicht war. Weit entfernt mit Unpartheilichkeit die gegenseitigen Rechte und Pflichten des Leihers und Verleihers zu bestimmen, oder billige Rücksicht auf die Verschiedenheit ihres gegenseitigen Verhältnisses zu nehmen, indem der eine Theil seinen Vortheil deutlich, der andere aber nur dunkel, oft in einer sehr bedenklichen Ferne sieht, verräth sich in der Abfassung dieser Gesetze sichtlich die Tendenz, den Schuldner zu begünstigen und nur den Creditor ihre Strenge fühlen zu lassen.

Die spanischen Könige, unter deren besonderm Schutz die Juden als ihr persönliches Eigenthum standen ließen sich nicht ungeneigt finden, auch den Vorstellungen ihr Ohr zu leihen, die die Juden dem Klageruf über ihren Wucher entgegensetzten. Merkwürdig war besonders der Befehl Alfons XI. vom Jahr 1325, der auf das inständige Begehren der Juden alle die ersprießlichen Bullen außer Kraft setzte, wodurch die Prälaten und die Großen sich die Freiheit von der Verbindlichkeit zur Befriedigung ihrer jüdischen Gläubiger verschafft zu haben behaupteten. Aber oft stiegen die Klagen über sie bis zu einer Höhe, die die Könige zu einer nachgiebigen, oft sehr willkührlichen Verfahrungsart zwang. So ward bisweilen durch einen Machtspruch der vierte, bisweilen der dritte Theil aller jüdischen Schuldforderungen aufgehoben, und zur Bezahlung des Restes wurden kurze Fristen festgesetzt, nach deren Ablauf sie ganz verfallen seyn sollten. Bisweilen ward es den Christen kurz und gut verboten, von Juden zu leihen, und dagegen befohlen, im Handel und Wandel mit ihnen baar zu bezahlen. Natürlich wurden Befehle und Verbote dieser Art eben so schnell vergessen, als sie übereilt gegeben waren. Aber mit jenen Machtsprüchen war dies nicht der Fall, im Gegentheil dienten sie nur als Mittel das Uebel zu vermehren, das sie, wenn nicht heben, doch wenigstens vermindern sollten. Die jüdischen Capitalisten rechneten unter solchen Umständen auf die Ohnmacht der Gesetze, dem unvermeidlichen Bedürfniß abzuhelfen und der Forderung der Leidenschaften Einhalt zu thun. Zog sich ein Ungewitter über ihre Häupter zusammen, so war ihre vereinigte Energie nur darauf gerichtet, künstliche Ableiter zu finden, woran keine Vorsicht ihrer Gegner gedacht hatte. Mit Standhaftigkeit trugen sie einen Verlust, der unvermeidlich geworden war, und trösteten sich mit der Hoffnung, durch günstige Wendung der Umstände vollkommnen Ersatz zu erhalten. Ohne jemals Widersetzlichkeit gegen die mit ihrem Handelsinteresse streitenden Gesetze zu äußern, waren sie unablässig darauf bedacht, sie mit List zu umgehn und so allmählich ihre Kraft zu vernichten. In solchen Bestrebungen ließen sie sich durch keine Schwierigkeit abschrekken, durch kein Hinderniß ermüden, durch keine höhnische Abweisung beschämen oder durch unerträglich harte Erniedrigungen aus ihrer Fassung bringen.

Von dieser Verfahrungsart und ihrer Fertigkeit darin legten sie besonders die außerordentlichsten Beweise ab, wenn und so oft es darauf ankam zwei von ihren Privilegien zu retten, die ihnen ihre Gönner bei Hofe einmal verschafft hatten und deren Behauptung ihnen vor allem am Herzen lag. Das eine war die Hinlänglichkeit des Judeneides, um eine Schuldforderung vor den Gerichten gegen einen

Christen zu beweisen. Das andre war das Recht, daß sie, wenn beweislich gestohlne Sachen bei ihnen gefunden wurden oder sie dergleichen einem Dritten verkauft hatten, die Person, von der das Gestohlne gekauft war, nicht anzeigen, kurz den Dieb verhehlen durften. Es gelang ihnen, Trotz allen Vorstellungen von den Procuratoren der Städte, das erste zu behaupten, und da das letzte durch eine Verordnung von Alfons dem Weisen eingeschränkt ward, so boten die Juden alle ersinnliche Künste und Mittel auf, um die Ausführung derselben zu verhindern, und sich dadurch fortdauernd im Besitz des Vorrechts zu erhalten, allen Dieben im Lande sichern Absatz zu schaffen und zugleich diesen Industriezweig zu befördern. Zum Beweise dienen die erneuerten und geschärften Verordnungen, die auf den Reichstagen von 1371, 1379, 1385 gegen dieses unsinnige Privilegium erlassen wurden.

Es bedarf keiner umständlichen Entwickelung, daß ein Verhältniß, wie das, das zwischen den jüdischen und christlichen Einwohnern im spanischen Reich statt fand, in seinen nähern und fernern Folgen nothwendig eine allgemeine Zerstörung und besonders eine immer zunehmende Verschlimmerung in der Denkungsart und den Sitten beider Theile nach sich ziehn mußte. Aber dennoch bemerkt man nicht eine einzige Spur von irgend einer Veranstaltung, um dies Verhältniß von Grund aus zu verbessern, keine Spur von irgend einem kraftvollen Beschluß. Dagegen fehlt es in der spanischen Geschichte auch nicht an Beispielen, daß eben die oberste Macht, die nicht selten auf eine unüberlegte Art Gnadenbezeugungen gegen die Juden verschwendete, sie im Nothfall wie einen Schwamm betrachtete, den man, nachdem er sich vollgesogen hatte, ohne Bedenken seines Ueberflusses entledigen könnte. Auch ward selbst von Spaniens preiswürdigsten Regenten von Zeit zu Zeit die im Mittelalter beliebte Praxis ausgeübt, die leere Staatskasse durch Plünderung der Juden zu füllen. Man wundert sich nicht, wenn ein Tyrann, wie Philipp der Schöne, der Münzen beschnitt und ärger als je ein Jude wucherte, mit kaltblütiger Unmenschlichkeit auch diese Operation ausführte, oder wenn Heinrich III. in England unter Androhung des Todes ihnen 8000 Mark Silber abpreßt, und als sie ihm die Unmöglichkeit vorstellten, nach so vielem neulich erlittnen Ungemach, die ganze ihnen aufgelegte Summe aufzubringen, sie an seinen Bruder Graf Richard verkauft, mit der Vollmacht, den Juden, denen er bloß die Haut abgezogen habe, die Eingeweide auszureissen; aber wenn selbst ein Alfons der Weise aus Verdruß über ihre Wucherkünste einen allgemeinen Arrest-Befehl gegen sie ergehen läßt und ihnen in Ketten die Verpflichtung abzwingt, ihm eine Zeitlang täglich 10000 Maravedis zu bezahlen, so muß man die Politik jenes Zeitalters verabscheuen, die durch ihr eignes Beispiel die Vergehungen rechtfertigte, denen sie abhelfen wollte, und die Zahl und Größe derselben durch die Art, wie sie strafte, vermehrte.

Bisweilen überließ auch das aufgebrachte christliche Volk auf seine Weise sich dem Ausbruche der Rache. Wenn es lange genug unter der Mißhandlung der jüdischen Raubsucht geseufzt hatte, so bedurfte es nur einer zufälligen Veranlassung, um den Haß und die Erbitterung zu einer Verfolgung zu entflammen, die von schrecklichen Grausamkeiten begleitet ward. Das Volk rottete sich zu Räubereien und Mordscenen zusammen, wo das Blut der Unschuldigen sich mit dem der Schuldigen mischte. Ueber Wuchervergehungen schrie der Pöbel in Navarra, als er im J. 1328 bloß in einer Stadt 10000 Juden ermordete und ihre ausgeplünderten Häuser verbrannte. Noch fürchterlicher brach die Raserei des Volks im J. 1391 aus, da Feuer und Schwert die Judenquartiere in Barcellona und mehrern spanischen Städten zerstörten. Doch diese letzte Verfolgung, die in den Annalen der Juden mit blutigen Zügen bezeichnet ist, hatte eine noch nähere Veranlassung, zu deren Aufklärung sich hier der bequemste Uebergang darbietet.

Von der Zeit, daß die Juden in Spanien durch päpstliche Bullen den Königen förmlich geschenkt waren, hatten sie bei diesen ihren leibeignen Unterthanen eine ausgezeichnete Thätigkeit bemerkt, in drückenden Geldverlegenheiten eine über alle Erwartung schnelle und hinreichende Hülfe zu verschaffen. Jemehr diese nach Wunsch ausfiel, jemehr sie das Ansehn dienstfertiger Aufopferung hatte, desto leichter ward die Aufmerksamkeit von dem unverhältnißmäßigen Vortheil abgezogen, den die Ausleiher ihrerseits zur Absicht hatten oder sich zur Entschädigung ausdrücklich ausbedungen. Auch war es ihrer Gewandtheit nicht schwer, sie in einen

Schatten zu stellen, wo sie dem ungeübten Auge beinahe unkenntlich ward. So bahnten sie sich den Weg zu allen Ober- und Unterämtern bei der Schatzkammer. Die Erhebung und Verwaltung der Staatseinkünfte im Großen wie im Kleinen kam ausschließend in ihre Hände. Sie waren die Finanziers des Reichs in der ganzen Bedeutung die das Mittelalter mit dieser verhaßten Benennung verband. Die Könige waren ihrerseits froh, daß dem Mangel an baarem Gelde in ihren Kassen abgeholfen ward und sie dieselben durch die jüdischen Operationen gefüllt erblickten, ohne ihre verderblichen Folgen für die Industrie und die producirende Bürgerklasse zu ahnen oder sich darum zu bekümmern. Ihre Bedürfnisse waren befriedigt, und doch ward der Haß, den in jenen Zeiten die Erfindung neuer Auflagen in den Gemüthern erweckte, von der Person des Regenten auf die Werkzeuge gewälzt, deren er sich zu neuen Aussaugungen bediente. Diese waren nach ihrer Denkungsart weit entfernt, sich in ihrem Fortgange durch Aeußerungen der Erbitterung oder durch Geschrei über die Unterdrückung stören zu lassen. So unerbittlich die Strenge war, womit sie die Schatzungen und Abgaben von den christlichen Staatsbürgern, besonders der armen Klasse beitrieben, so auffallend partheiisch war die Begünstigung und Sanftmuth, die sie gegen ihre Glaubensgenossen bewiesen. Ueber beides wurden die bittersten Klagen geführt, und daß sie nicht ungegründet oder übertrieben waren, daran wird Niemand zweifeln, der den durch religiösen Separatismus gebildeten Charakter dieses Volks, die Stärke seiner gesellschaftlichen Vereinigung und die engern Grenzen kennt, worin sein Gemeingeist beschränkt wird.

Das Beispiel der Könige, die Juden zu ihren Generalpächtern und Finanzministern beriefen, ward noch allgemein schädlicher durch die häufige Nachfolge, die es bei dem reichen und mächtigen Adel des Landes fand. Gelockt durch den ausgezeichneten Zuwachs in seinen Einkünften, womit die verführerischten Anerbietungen ihm schmeichelten, geblendet durch die Aussicht, sie ohne die geringste Beschwerde in einer gesammelten Summe heben zu können, überließ er den Juden die Erhebung seiner sämmtlichen herrschaftlichen Einkünfte, und sie wurden auch die Haushofmeister und Pächter der Großen und Reichen. Hier öffnete sich ein weites Feld für sie zu Spekulationskünsten, deren Folgen hier und überall, wo sie Eingang fanden, die Verarmung und der gänzliche Untergang des Landmanns waren. So hartnäckigen Widerstand die jüdischen Finanzbedienten bei den Einwohnern der Städte fanden, so leicht war es den jüdischen Pächtern, sich das Vertrauen des treuherzigen Bauers zu erschleichen. Sie selbst oder einer ihrer Unterhändler sorgte zuvorkommend für alles, was dieser zur Nothdurft oder zum Genuß des Lebens bedurfte. In Verlegenheit war der Jude sein Rathgeber, in jeder Noth sein Retter, selbst in Krankheitsfällen sein Arzt. Zu berechnen, was diese treuen Dienste kosteten, fiel dem ehrlichen Landmann nie ein, bis sein jüdischer Freund ihm endlich sein Schuldregister vorlegte, und ihm dann zur Abbezahlung desselben nichts weiter übrig ließ, als Arme und Beine, um Sklavendienste zu thun. Zuletzt machte nun auch der bethörte Gutsbesitzer die unerwartete Entdeckung, daß die hohe Pachtsumme, die er erhoben hatte, nicht aus den reinen Einkünften und dem aus denselben gewonnenen Ueberschuß herausgebracht war, sondern daß das Hauptingredienz in dem seinen Unterthanen listig abgenommenen Vermögen bestand, daß er bloß den geringsten Theil des Raubes mit seinem Pächter getheilt habe, und nun, nach dem Verlauf der Pachtjahre, das Mark des Landmanns verzehrt, und nichts weiter als der dürre Leichnam übrig war. Solche stets zunehmende Entdeckungen hatten die Folge, daß jetzt auch der mächtige Adel seine Stimme mit den bittern Klagen der Städte und Prälaten über die Habsucht und die Härte der jüdischen Einnehmer und Pächter vereinigte, und alle jetzt auf den Reichstagen vereint ihre Kräfte aufboten, um die Juden durch ein förmliches Dekret von aller Einmischung in die Finanzen des Staats, von aller Erhebung und Verwaltung der öffentlichen Gelder und von allem weitern Antheil an Pachtkontrakten auszuschließen. Freilich ließen diese es auch hier nicht an manchen fein eingeleiteten und planmäßig fortgesetzten Versuchen fehlen, um solche ihnen so unangenehme Beschlüsse kraftlos zu machen; aber sie wurden immer mehr geschärft, und da selbst diese Strenge nicht abschreckend genug war, fügte man im J. 1412 die Drohung unausbleiblicher Landesverweisung und des Verlustes des Eigenthums hinzu, und so ward mit dauerndem Erfolg dem weitern Fortgang eines verderblichen Uebels Gränzen gesetzt.

Mit den bis jetzt entwickelten Ursachen zum allgemeinen Haß gegen die Juden vereinigten sich nun auch die, deren Quelle religiöse Antipathie war. Nachdem die Bettelmönche und besonders der Predigerorden, der die Belehrung irrender und ungläubiger Seelen für die erste seiner Pflichten ansehn mußte, im spanischen Reiche Wurzel gefaßt hatten, so mußte es für sie der größte Greuel seyn, ein Volk, das nach ihren Begriffen nur als ein denkwürdiges Beispiel des göttlichen Zorns auf Erden umhergehn sollte, von den Regenten beschützt und begünstigt und im stolzen Besitz der Mittel zu sehn, wodurch die christlichen Einwohner ihnen zinsbar und ganz abhängig von ihnen geworden waren. Als ihre geschwornen Feinde zeigten sie sich jetzt unablässig thätig, um der bereits hochgestiegnen Erbitterung gegen die Juden neue Nahrung zu geben. Die Mittel, deren sie sich in dieser Hinsicht bedienten, waren dieselben, deren außerordentliche Wirkung ihre Ordensbrüder in den benachbarten Reichen erfahren hatten. Jedes Unglück, womit Dörfer und Aecker, Menschen und Vieh heimgesucht wurden, ward als ein untrügliches Zeichen des göttlichen Zorns über die Vergehungen der Juden erklärt. Um das Maß derselben zu füllen und den Eifer der Christen zur Versöhnung dieser Verbrechen zu entflammen, erfand man die giftigsten Beschuldigungen und verbreitete sie mit erwünschtem Erfolg. Bald hatten die Juden ein Crucifix gepeitscht, bald eine gestohlne oder durch Bestechung erkaufte Hostie entheiligt, troß den Wundern, wodurch sie sich vor ihren Augen verherrlichte: bald hatten sie christliche Kinder gekreuzigt, bald Quellen, Brunnen, ja selbst Flüsse vergiftet. Je schwärzer der erhitzte Verfolgungsgeist dichtete, desto gewisser konnte er seyn, sein Ziel zu erreichen. Es flossen Ströme von Blut, um die Vergehungen der Feinde des Kreuzes zu rächen. Der Anfang und die Mitte des 15ten Jahrhunderts, das die Juden so manches wichtigen Vorrechts beraubte und durch unzweideutige Warnungen die Nähe des Ungewitters verkündigte, das sie zerschmettern sollte, übertraf auch alle vorhergehende an Fruchtbarkeit neuer Erfindungen, um den Groll des Volks gegen sie zu bewaffnen.

Da die dabei vorfallenden blutigen Auftritte bald hier, bald dort erneuert wurden, so fielen verschiedene, von gleicher Gefahr bedrohte Juden auf den unglücklichen Ausweg, ihr und ihrer Familien Leben und Eigenthum durch ein verstelltes Spiel mit den Ceremonien der Christen zu sichern. In Augenblicken, wo sie nur die Wahl hatten zwischen Tod und Taufe, schwankte ihr Entschluß nur selten. Indem sie sich zur Taufe bequemten, beruhigten sie ihr Gewissen durch den verstärkten Vorsatz, den scheinbaren Abfall durch eine festere innere Treue gegen das Gesetz ihrer Väter auszusöhnen. Ihre Nachgiebigkeit gegen diesen grausamen Zwang ward ihnen nicht wenig durch die ihnen eigne Denkungsart erleichtert, der zu Folge Alles, was ein Jude außerhalb dem Kreise seiner Nation thut oder leidet, ihm eben so wenig zur Schande als zur Ehre gereicht, und er schüttelt jede noch so erniedrigende Mißhandlung, die eine äußere Macht gegen ihn ausübt, mit derselben Leichtigkeit ab, als der Sklave den Uebermuth seines Despoten erträgt.

Ueber die gewaltsamen Bekehrungsarten, die die Bettelmönche mit der größten Thätigkeit anwandten, wurden auch von Zeit zu Zeit die mildern Mittel der Ueberredung versucht. Es traten aus ihrem Orden Männer auf, die den jüdischen Irrthum bekämpften und mit unermüdetem Eifer sich der Bekehrung der Juden aufopferten. Einer von ihnen, Dom Vincente Ferres glänzte am Ende des 14ten und im Anfang des 15ten Jahrhunderts in diesem Beruf als ein Wunderthäter, weit und breit verehrte man ihn als einen von den Todten auferstandnen Apostel. Mit dem Kreuz in der Hand durchwanderte er einen großen Theil Europas und setzte überall durch die heilige Begeisterung, womit er sprach und handelte, die Herzen in Flammen. In Arragonien, Valencia, Murcia, Castilien, begegneten ihm ganze Schaaren von Juden, um die ein christlicher Volkshaufe einen feierlichen Kreis geschlossen hatte und die mit Reue und Thränen die Taufe von seinen Händen erflehten. 35000 von ihnen wurden mit der Taufe begnadigt, mehrere Synagogen wurden in Kirchen und viele Judendistrikte in christliche Gemeinden verwandelt. Zugleich nebst solchen Glaubenspredigten wurden öffentlich Religionsdisputationen gehalten, um den Sieg der Wahrheit über jüdische Einwendungen und Zweifel zu vollenden.

Der damals in Spanien anwesende Benedict XIII. nahm selbst einen thätigen Theil daran, um durch ein ausgezeichnetes Verdienst um die Kirche seiner schwankenden Krone eine Stärke zu verschaffen, deren sie sehr bedurfte. Wer nicht überzeugt werden konnte, oder wie man es auslegte, sich nicht überzeugen lassen wollte, bei dem wurden die kräftigern Mittel angewandt, um den hartnäckigen Unglauben zu beugen.

Bald bestätigte die Erfahrung die oft gemachte Bemerkung, daß die Menge der Proselyten, die so eifrig in den Schooß der Kirche aufgenommen wurden, ihr weit gefährlicher waren, als alle ihre offenbaren Widersacher und Ketzer zusammen. Bei einigen, die durch Ueberredungskünste zur Bekehrung gelockt waren, verschwand ihre Wirkung so schnell als sie hervorgebracht war. Bald trat das ruhige Nachdenken ein, was für ausgezeichnete Rechte und Vorzüge sie durch ihren Abfall von dem Volke Gottes verloren hatten. In Andern, die Leichtsinn oder Eigennutz zur Treulosigkeit gegen das Gesetz ihrer Väter verleitet hatte, erweckten die Vorwürfe ihrer standhaftern Glaubensgenossen Gewissensbisse, und während sie sich wieder in den Besitz ihrer Rechte setzten, ward bei diesen wie bei jenen die Stimmung gegen das Christenthum und seine Bekenner noch feindlicher, als sie je zuvor gewesen war. Nicht wenige, die in ihrer gefährlichen Lage überwiegende Gründe fanden, ein Scheinbekenntniß einer öffentlichen Entsagung vorzuziehn, rächten sich durch heimlichen Spott über den christlichen Glauben, und einen Hohn, dessen zufällige Entdeckung die Priester und Mönche mit glühendem Eifer erfüllen mußte. In Kirchen und Prozessionen stellten sie sich als andächtige Christen, in ihren Häusern und Synagogen waren sie wie in ihren Herzen jüdische Zeloten. Dort fielen sie nieder vor dem Crucifix und der geweihten Hostie; hier drückten sie ihre Ehrfurcht vor der Thora und dem Talmud durch zügellose Verhöhnungen über den Glauben und die kirchlichen Gebräuche der Christen aus. Noch mehr, sie vereinigten mit niedriger Verstellung den Plan zu einer boshaften Rache. Sie benutzten ihre ältern Verbindungen mit christlichen Familien und selbst ihr häusliches und freundschaftliches Verhältniß, um durch heimliche Verführung einer Christenseele die ihnen so verhaßte Belehrungssucht zu vergelten. Einzelne Versuche glückten und ihr günstiger Erfolg ermunterte zu Unternehmungen von weiterm Umfang. So entstand in dem spanischen Reiche eine im tiefsten Dunkel sich ausbreitende neue Sekte von judaisirenden Christen, deren Vermischung der Ceremonien jedem ächten Katholiken zu ungleich größerm Aergerniß gereichen mußte als selbst die Abgötterei der Heiden. Sein Abscheu mußte den höchsten Grad erreichen, als jetzt die Entdeckung an's Licht kam, daß Juden unter christlichen Masken sich in Gerichte, Schulen und Klöster eingeschlichen hatten, und daß Mancher, der am Sabbath das Gesetz Moses erklärte, am Sonntage im Meßornat auftrat und das Sakrament des Altars entheiligte. Jeder, in dessen Adern noch reines christliches Blut floß, seufzte nach endlicher Erlösung des Reichs von den unversöhnlichen Feinden des christlichen Namens.

In dieser Lage befanden sich die Angelegenheiten des Glaubens in Spanien, als Ferdinand und Isabelle das Ruder der vereinigten Reiche ergriffen. Sobald es ihnen geglückt war, die wilde Anarchie zu bekämpfen, die tiefgesunkne Macht des Throns zu heben und seine Mündigkeit zu verstärken, richteten sie ihren aufmerksamen Blick auf die Gefahren, die der Kirche drohten; und Ferdinand de Talavera, einst Klosterbruder, jetzt Isabellens allmächtiger Gewissensrath, versäumte nicht, ihren Eifer durch Aussichten auf den Beifall und die reichen Belohnungen des Himmels anzuspornen. Schon die ersten Veranstaltungen der neuen Regierung in Hinsicht auf die Juden verriethen heimliche Pläne, die ihren Untergang beabsichtigten. Nicht lange blieb der harte Schlag aus, der sie durch das Edikt traf, das allen Umgang zwischen Christen und Juden auf's strengste verbot. Dies ward 1480 ein Hauptgegenstand für die Berathschlagungen auf dem Reichstag in Toledo, und sie hatten das feierliche Dekret zu Folge, daß die Juden in allen Dörfern und Städten in Spanien ihre Wohnung in besondern Quartieren nehmen und sich alles Umgangs mit Christen, es möchte seyn unter welchem Namen und Vorwand es wollte, enthalten, und die Obrigkeiten mit der strengsten Sorgfalt über die unabweichliche Befolgung dieses Gesetzes wachen sollten. Sobald die neugeschaffne Inquisition, von allen ihren eigenthümlichen Schrekken umgeben, in Thätigkeit gesetzt war, ward es fast unmöglich in irgend einem Uebertretungsfall ihrer Entdeckung zu entgehn. Nichts vermochte sich ihrem weitumschauenden Scharfsinn zu entziehn. Sie horchte auf die Geheimnisse der Familien und auf die vertraulichen Mittheilungen von Freunden. Selbst verdächtige Winke und Aeußerungen wurden in heimlichen Registern angemerkt, um auf die bestimmten Aufschlüsse der Zukunft zu warten, und die Uebertreter aus dem verborgensten Schlupfwinkel hervorzuziehn. Gleich ihre erste Verfahrungsart, die Vorladung aller derjenigen, die sich der Ketzerei oder des Abfalls vom christlichen Glaubensbekenntniß schuldig fühlten, die Aufforderung, freiwillig und ohne den geringsten Verzug ihr Vergehen anzugeben; das bußfertige Auftreten von mehr als 15000 Sündern, die sich der Gnadenfrist zu ihrer Befreiung versichern wollten, brachte eine solche Menge von religiösen Verbrechen der Juden aus ihrem Dunkel hervor, daß in einem Zeitraum von wenigen Jahren 2000 Scheiterhaufen flammten. Die auf diese Art gemachten Entdeckungen boten einen Vorwand dar, mit dem entscheidenden Schlag zu eilen. Unter dem 31. März 1492 erschien das Verweisungsedict, als ein ewiges Grundgesetz für alle zur spanischen Monarchie gehörige Staaten sanctionirt. Sehr ausführlich und nicht ohne merkliche Seitenblicke auf die Einwendungen und Schwierigkeiten, die einige der angesehnsten Mitglieder des königlichen Staatsraths gegen diesen mit unabsehlichen Folgen begleiteten Beschluß gemacht hatten, legten Ferdinand und Isabelle die Gründe dar, die, nachdem ihre Langmuth im Ertragen und Verzeihen erschöpft war, unwiderruflich ihren Vorsatz bestimmt hatten, ihr Reich von jüdischen Irrthümern zu reinigen. Mit dem Befehl an die Juden, unter Todesstrafe und Verlust ihres Eigenthums die spanischen Lande binnen 3 Monaten zu räumen, folgte das Versprechen, daß ein besondrer königlicher Schutz bis zu ihrem Fortgang ihre Personen und ihr Eigenthum gegen jede Gewaltthätigkeit sichern sollte. Mit Ausnahme von Edelsteinen, Gold und Silber, deren Ausführung auf's strengste verboten ward, wurde ihnen erlaubt, die durch den Verkauf ihrer liegenden Gründe und Mobilien herausgebrachte Summe in Waaren oder Wechselbriefen mit zu nehmen. Aber in der Ausführung der königlichen Befehle wird die unedle Triebfeder sichtbar, die zu Ferdinand's und Isabellen's gottesfürchtigen Maximen mitwirkte. Unter ihren Augen wurden die schändlichsten Räubereien ohne das geringste Hinderniß oder Einschränkung von Seiten der Obrigkeit ausgeübt. Im Juli 1492 brach eine wehrlose Schaar von 160000 Familien auf, um sich mit den Ueberbleibseln ihres Wohlstandes nach fernen Ländern zu retten. Eine zahlreiche Menge fand ihren Tod auf der Flucht und in ihr das Ende der Qualen, denen die Vertriebnen besonders in Afrika und Portugal entgegeneilten.

FSC
www.fsc.org
MIX
Papier | Fördert
gute Waldnutzung
FSC® C083411

Kolibri 360 GmbH
Ferdinand-Jühlke-Straße 7
99095 Erfurt, Deutschland
produktsicherheit@kolibri360.de